JN117676

租税弁護士が教える 事業承継の法務と税務

相続・生前贈与・M&A・信託・社団・財団・国際

佐藤修二 監修

木村浩之 著
木村道哉

日本加除出版株式会社

推薦の辞

　このたび，木村浩之弁護士と木村道哉弁護士の共著によって，事業承継に関する本が出版される運びとなりました。

　中小企業経営者の高齢化が進む中，後継者に事業をスムーズに承継していくことはわが国の最重要課題の一つで「事業承継待ったなし」の状況にあります。その課題について，税務に詳しい弁護士が二人集まって著した本は，きわめて専門性に富み，かつ分かりやすい内容になっています。

　加えて本書では，中小企業庁で事業承継に関する各種施策を推し進めている松井拓郎・事業環境部財務課長，荒川勝彦・同課長補佐へのインタビュー記録が収録されています。

　事業承継には，金融機関，M&A仲介業者，税理士，弁護士，その他多くの専門家の支援が必要であり，そうした専門家の連携を促す上で，政府の役割も重要です。中小企業庁事業環境部財務課は，政府において事業承継に関する施策を推進する司令塔であり，課長及び補佐の生の声を収録したインタビュー記録は，極めて興味深いものです。

　著者の木村浩之弁護士は，私の主宰するジャパン・タックス・インスティチュートの国際課税委員会のメンバーであり，委員会では，いつも啓発的な意見を述べられています。国税庁において5年ほど勤務をした経験もあり，かつて大蔵省・財務省に長く務めた私にとって，その面でも身近な存在です。

　他方，木村道哉弁護士は，私の中央大学法科大学院における最優秀な教え子の一人です。税理士法人山田&パートナーズで資産税の実務を十分に経験した後，現在は，私が顧問を務める棚瀬法律事務所でパートナー弁護士として活躍しています。

　事業承継に悩みを有する企業経営者の方々はもちろんのこと，事業承継に関わる多くの専門家の皆様，また，法律・税務問題のるつぼである事業承継に関心を持つ，法科大学院をはじめとする専門職大学院の学生の皆さんにも，本書を広く推薦したいと思います。

東京財団政策研究所研究主幹
中央大学法科大学院特任教授
ジャパン・タックス・インスティチュート　代表理事・所長

森信　茂樹

監修のことば

　事業承継に関する書籍は，数多，世にあります。しかし，それらは，税理士または弁護士が単独で執筆し，あるいは，税理士と弁護士が，各々，税務と法務を分担して共同執筆したものが多いようです。

　法務と税務の双方に通じ，法律家の視点から税の問題を取り扱う弁護士は，「タックス・ロイヤー」と呼ばれていますが，タックス・ロイヤーは，日本では，希少であるのが実情です。その中で，本書の最大の特長は，二人のタックス・ロイヤーが集まって著したという点にあります。木村浩之弁護士は，弁護士となる前に，国税庁において数年の勤務を経ているのみならず，国際租税法の分野で令名の高いライデン大学（オランダ）での留学経験と，オランダの法律事務所及びKPMGシンガポール事務所で国際税務の実務に携わった経歴を有しています。また，木村道哉弁護士は，中央大学法科大学院で，森信茂樹先生（元財務省財務総合政策研究所長）の下，財政・課税当局の大所高所の観点から租税を学んだ後，相続・事業承継の分野で著名な，税理士法人山田＆パートナーズ及びそのグループに属する弁護士法人で研鑽を積んでいます。いずれも，大変ユニークな経歴と言えましょう。

　事業承継を成功させるためには，法務面では，近時大改正がなされた相続法はもちろん，M&A・組織再編に関わる会社法の知見も重要です。これに対応して，税務面でも，相続税・贈与税に加えて，組織再編税制をはじめとする法人税の知識も求められるようになりました。事業承継において，「法務と税務のコラボレーション」が今ほど求められる時代もありません。そのようなタイミングで，法務と税務を一手に掌握した専門家が，しかも，二人も集まったのですから，鬼に金棒と言えるでしょう。

　本書が，事業承継に携わる多くの方に読まれることを願っています。

岩田合同法律事務所弁護士
東京大学法科大学院客員教授

佐藤　修二

は し が き

　事業承継は「法務」と「税務」が密接に交錯する分野であり，その円滑な実施に当たっては，これら双方の観点を踏まえた検討が必要不可欠である。ところが，「法務」の専門家である弁護士においては「税務」になじみがないことも多く，他方で，「税務」の専門家である税理士は必ずしも「法務」に精通しているわけではない。この点，本書は，「法務」と「税務」の双方に精通した弁護士が共同で執筆を担当したという点に特長がある。

　まず，第1章では，総論として，事業承継の各種手法を整理した上で，それぞれにおける法務上の留意点と税務上の留意点を網羅的に解説した。あわせて，法務でも税務でも共通して問題となることが多い株式の評価方法についての解説を加えた。これにより，法務と税務の双方の観点を踏まえた事業承継についてのイメージを具体的に持っていただくことを企図した。

　次に，本書の中心となる第2章では，事業承継に関する具体的事例を数多く取り上げ，事例ごとに法務と税務の双方の観点からの解説を加えた。取り上げた事例には，基礎的・典型的な内容を中心とする「親族内承継」「親族外承継」のほか，応用的な内容である「社団法人・財団法人の活用」「信託の活用」「国際承継」が含まれる。これにより，幅広いニーズの事業承継に対応していただけるように工夫した。

　最後に，第3章では，政府として中小企業の事業承継を総合的に支援されている所轄行政庁である中小企業庁の担当官へのインタビューを実施し，事業承継の支援に当たって特に重要な政策とされる事業承継税制を中心に，同庁の政策についての最新の動向を掲載している。これにより，近年大幅に拡充されてきた事業承継税制のほか，中小企業庁が推進する各種の事業承継支援策をより積極的に活用していただけるように配慮した。

　以上のように構成される本書は，木村浩之弁護士と木村道哉弁護士の両者が分担して執筆し，相互に加筆した上で，共著者らと同様に税務のエキスパートである佐藤修二弁護士に監修していただいた。本書が事業承継に携わる専門家・実務家の間で，広く執務の参考にしていただければ幸いである。

　末筆になるが，本書の出版に当たっては，日本加除出版株式会社編集部の山口礼奈氏に大変お世話になった。この場をお借りして厚くお礼申し上げることにしたい。

2020 年 3 月 9 日

木村　浩之

木村　道哉

凡　　例

文中に掲げる法令・判例・用語等については，次のように略記する。

【法　令】

円滑化法　→　中小企業における経営の承継の円滑化に関する法律
法人法　　→　一般社団法人及び一般財団法人に関する法律
公益法　　→　公益社団法人及び公益財団法人の認定等に関する法律
改正前民法　→　平成 30 年 7 月 13 日法律第 72 号による改正前の民法

【判　例】

大阪高判平成 24 年 2 月 16 日訟月 58 巻 11 号 3876 頁
　→　大阪高等裁判所判決平成 24 年 2 月 16 日訟務月報 58 巻 11 号 3876 頁
最判昭和 58 年 1 月 24 日民集 37 巻 1 号 21 頁
　→　最高裁判所判決昭和 58 年 1 月 24 日最高裁判所民事判例集 37 巻 1 号
　　21 頁

［判例略語］

最判　最高裁判所判決　　　　　　高判　高等裁判所判決
地判　地方裁判所判決　　　　　　大判　大審院判決

［判例集略語］

民集　最高裁判所民事判例集　　　裁判集民　最高裁判所裁判集民事
訟月　訟務月報　　　　　　　　　判時　判例時報
判タ　判例タイムズ　　　　　　　税資　税務訴訟資料
労判　労働判例　　　　　　　　　大民集　大審院民事判例集

【用　語】

SPC　　　→　Special Purpose Company（特別目的会社）

MBO	→	Management Buy-Out
EBO	→	Employee Buy-Out
LBO	→	Leveraged Buy-Out
DCF 法	→	Discounted Cash Flow 法
DD	→	Due Diligence
MS 法人	→	メディカル・サービス法人
EBITDA	→	Earnings Before Interest Taxes Depreciation and Amortization

目　次

第2章　各　論 ·· 29

第1　親族内承継　30

設例3　事業承継と生命保険の活用　53

旅行代理店の会社を経営しているのですが，3人の子供のうち1人を後継者として，その後継者に株式を全部相続させたいと考えています。
このプランを，知り合いに話したところ，事業承継対策として生命保険が活用できると教えてくれました。相続税の支払の準備や相続人間の争いを避けるために生命保険を活用できると聞いているのですが，具体的にはどのようなメリットがあるのでしょうか？

設例4　相続人売渡請求と事業承継　56

私の父は，電子部品メーカーの甲社のオーナーで，代表取締役を務めていましたが，先月心不全により急逝してしまいました。そのため，相続により，父が保有していた甲社株式（議決権割合70％）を，父の一人息子である私が承継することになりました。父は，常々，私に甲社の経営を引き継がせたいと言っていたので，私もそのつもりでした。
ところが，今月の初めに，甲社から株主総会の招集通知が届き，そこには，株主総会で私に対する株式売渡請求について決議をなす旨の記載がありました。私は意味が分からず，父とともに甲社を経営してきた副社長Aに説明を求めました。副社長Aは，「定款に，相続人に株式の売渡請求ができる規定があり，甲社があなたの株式を買い取ることになりました。なお，会社法により，あなたは，この売渡請求の決議について議決権を有しません

ので，私が保有する 30％の株式のみで本決議を行います。」と説明しました。このままでは，私の株式は甲社の自己株式となり，副社長Aが議決権の 100％を有する株主となってしまいます。

突然のことで混乱していますが，副社長Aが言っていることは本当に正しいのでしょうか？　また，私はどのような対策をとるべきなのでしょうか？

設例5　持株会社を活用した事業承継　61

事業会社を 3 社経営していますが，これらの全ての会社を，長男に引き継がせたいと考えています。持株会社を活用すると，事業承継がスムーズに進むと聞いたのですが，具体的にはどのような方法なのでしょうか？　また，どのようなメリットがあるのでしょうか？

設例6　後継者が保有する持株会社を使った事業承継　68

私が 100％株式を保有している会社は業績が好調で，税理士によると，毎年度，株式の相続税評価額が上昇しています。このまま業績が好調で株価が上昇していくと，後継者である息子に株式を承継するときには，多額の税金が発生しそうです。

後継者が保有する持株会社を利用すると，株価が上昇する見込みの場合は

設例7　事業承継と従業員持株会　74

Aは，甲株式会社（以下「甲社」）の株式を100％保有しています。Aは，長男Bを後継者にしようと考えており，甲社の株式をBに承継したいと考えています。しかし，Aが保有する甲社全株式の相続税評価額は，原則的評価方法によれば，5億円に達することが分かりました。このままBに甲社全株式を承継すると，Bの納税負担額が重くなりすぎるため，従業員持株会を設立して，甲社株式の一部を古参の従業員たちに譲渡しようと考えています。従業員持株会はどのように設立すればよいでしょうか？　また，従業員持株会の設立・運営においてはどのような点に注意する必要があるでしょうか？

設例8　事業承継と種類株式　84

事業承継においては，種類株式を活用することができると聞きました。種類株式の中にもいろいろなものがあるそうですが，どのような制度があるのでしょうか？　具体的な活用の場面も教えてください。

設例12 SPC（特別目的会社）を利用したMBOによる事業承継 105

私は，電子部品製造会社を経営していますが，親族に後継者となるべき者がいません。そこで，長年一緒に経営に携わってくれた副社長に，会社を譲ろうと考えています。ただ，副社長はそれほど資金を持っていないため，私の保有する株式を，個人で買い取ることができません。

このような場合，私はどのようにして，副社長に会社を譲ればよいのでしょうか？

設例13 組織再編税制の活用 109

私は，小売販売業を営むグループ企業のオーナーです。このグループ企業には，小売販売事業を統括する本社があります。約10年前から，本社が，事業形態の異なる小売販売子会社3社を，100％子会社として保有しています。

本社は黒字続きで，3社の子会社のうちA社とB社も黒字が続いているのですが，C社だけが赤字続きで，繰越欠損金が約5000万円にまで達しています。しかし，C社は収益性の高いビルを保有しており，ビルの簿価は3億円ですが，時価が4億円にまで値上がりしたため，ビルの含み益が1億円に達しています。

今回，事業承継を検討するに当たり，本社と子会社のグループ再編も実行したいと思うのですが，具体的にはどうすればよいでしょうか？

設例14 事業承継における合併 114

Aは，食肉卸業を営む甲株式会社（以下，「甲社」という。）を経営しています。甲社の代表取締役はAであり，Aが甲社株式の70％を，Aの妻であるBが甲社株式の20％を，Aの弟であるCが甲社株式の10％を保有しています。

Aは還暦を迎えたため，そろそろリタイアして事業を誰かに引き継ぎたい

と考えていますが，親族や従業員の中に適切な後継者がいません。そこで，Aは，甲社の大口取引先として友好的な関係を長年築いてきた，焼肉レストラン業を営む乙株式会社（以下，「乙社」という。）と甲社を合併しようと考えています。事業承継策としての合併において特に注意すべき点は何でしょうか？

設例15　中小企業 M&A（株式譲渡）　125

清掃業を営んでいます。親族に後継者がいないため，第三者に会社を譲ろうかと考えていますが，どのように譲渡先を見つければよいかが分かりません。企業を譲渡する際のマッチングは，具体的にどのように行われるのでしょうか？

設例16　中小企業 M&A におけるデューデリジェンス　132

小売業を営む甲株式会社（以下，「甲社」という。）を保有しておりますが，適当な後継者がいないため，同業者の乙社に甲社を売却することにしました。甲社の売却に当たり，乙社からデューデリジェンスを求められています。デューデリジェンスというのは具体的にどのようなことを行うのでしょうか？

設例 17　許認可事業に係る事業承継　137

旅館を営んでいるのですが，そろそろ後継者に旅館を譲りたいと考えています。ただ，旅館を営む上で，旅館業許可や飲食店営業許可などの許認可を取得しているため，スムーズに事業を承継できるかどうかが心配です。具体的にはどのような点に気を付ければよいのでしょうか？

設例 18　医療法人の事業承継　140

医療法人の出資持分の70％を保有しているのですが，そろそろ長男に医療法人を引き継ぎたいと思っています。長男が医療法人を引き継ぎたくないと言った場合は，親族以外の誰かに医療法人を譲渡してもよいと思っています。医療法人の事業承継にあたって，どのようなことに気をつければよいでしょうか？

第3　社団法人・財団法人の活用　144

設例 19　一般社団法人の活用①　—基本編　144

Aは甲社の創業者であり，現在もその主要株主であり，また，代表取締役会長として経営に従事しています。Aとしては，甲社の株式は子孫に承継させ，その事業を承継させていきたいと考えています。ところが，甲社の株価は非常に高額であり，承継時に発生する税金を後継者が支払うことができないのではないかと懸念しています。また，将来の相続によって株式

が分散するおそれもあります。そこで，円滑な事業承継のために一般社団法人を活用する方法があるとのことですが，具体的にどのような方法でしょうか？

設例20　一般社団法人の活用②　―応用編（信託との併用）　151

Aは甲社の創業者であり，現在，その主要株主ではあるものの，残りの株式は配偶者や子らが保有している状態です。Aの存命中はこれらの株主もAの意向を尊重しますが，その亡き後は不明です。Aとしては，特定の者に甲社の事業を承継させたいと考えていますが，相続によって甲社の株式が分散し，相続が繰り返されることでさらに散逸し，後継者による甲社の経営に支障が生じる事態を懸念しています。一般社団法人に対する信託を活用することで，後継者による会社の経営を安定的に維持しながら事業承継を図ることができる方法があるとのことですが，具体的にどのような方法でしょうか？

設例21　公益財団法人への寄付　156

Aは甲社の創業者であり，現在，その株式を全て保有するオーナー経営者です。Aとしては，甲社の株式は子孫に譲って事業を承継してもらいたいと考えていますが，Aによる甲社の創業後，その株価は非常に高額なものとなっており，承継時に多額の税額が発生することが懸念されます。ところで，甲社は毎年安定的に配当を実施しており，その配当収入のみでも相当な額となります。Aはすでに高齢であり，それほど多額の配当収入がなくても十分な生活が可能です。そこで，Aとしては，甲社の株式の一部を寄付することで，その配当収入を公益目的に使用してもらうことを検討していますが，なるべく税負担が生じないようにするためにはどうすればよいでしょうか？

Aは，甲社の創業者であり，いわゆるオーナー経営者です。Aが保有する甲社の株式については，Aが亡くなった後も，Aが自ら指名ないし指定する後継者に代々承継させることにしたいと考えています。そのようなAの意思を実現する方法はありますか？

Aは，甲社の創業者であり，その株式を100％保有するオーナー経営者です。Aには二人の息子がいますが，Aが保有する甲社の株式については，後継者である長男Bに全て承継させたいと考えています。ところが，Aが所有する主な財産は甲社の株式のみであり，そのままでは非後継者である次男Cの遺留分を侵害することになります。Cの遺留分を侵害せずに円滑に事業承継するために信託を活用する方法があると聞きましたが，どのような方法でしょうか？

Aは，甲社の創業者であり，いわゆるオーナー経営者です。Aが保有する甲社の株式については，Aが亡くなった際に，後継者である長男Bに全て承継させたいと考えています。ところが，甲社の株式は評価額が高く，このままでは高額の相続税が課されることになるのですが，その株価対策にも限度があります。高額の相続税のために円滑な事業承継が阻害されることのないようにしたいのですが，どのような方法が考えられますか？

第5　国際承継　

設例25　外国法人株式の承継　176

日本の居住者であるAは，海外に多額の資産を有しており，その海外資産を管理するための会社である甲社を国外で設立し，現在に至っています。高齢になったAとしては，甲社の株式を長男Bに譲り，その資産管理事業を長男Bに承継させたいと考えています。現在，Bも日本に居住していますが，海外に移住した場合には贈与税や相続税が課せられないことがあると聞きました。外国法人の株式を承継するに当たって，課税上どのような点に留意すればよいでしょうか？

設例26　非居住者への承継　182

日本の居住者であるAは，日本国内の資産を管理するための会社である甲社を日本で設立し，また，国外の資産を管理するための会社である乙社をX国で設立し，それらのオーナーとして経営に従事しています。Aには長年海外に居住する長男Bがおり，甲社及び乙社の株式を譲ることで，これらの事業を長男Bに承継させたいと考えています。この点，日本の居住者ではない者に株式を移転する場合には，日本の居住者に株式を移転する場合と比べて，課税関係が異なると聞いたのですが，どのような点に留意すればよいでしょうか。

設例27　国際M&A　187

Aは海外企業との取引を主たる事業とする甲社の創業者であり，現在，その株式を全て保有するオーナー経営者です。Aとしては，数年後には引退したいと考えていますが，国内には適切な後継者がおらず，今般，海外の取引先（外国法人）に株式を譲渡することで事業承継を図りたいと考えています。承継先からは，株式譲渡後も一定期間は取締役として経営に従事してもらいたいとの意向を受けています。
外国法人に株式を譲渡した場合，どのような課税関係となるでしょうか？また，株式譲渡後，甲社は外国法人の子会社になりますが，日本における課税関係についてどのような点に留意すればよいでしょうか？

第3章　インタビュー ……………………………………… 193

中小企業庁に聞く事業承継の現状と課題　194

第 1 章

総　論

第1 はじめに

　創業者又はその一族（以下「創業者等」という。）が支配する会社ないし企業は，一般に，同族（経営）会社，オーナー会社（企業），ファミリー会社（企業）(private holding company; owner-managed company; family-owned company) などと呼ばれる。本書でも，こうした創業者等が支配する会社ないし企業を「オーナー会社」などと表現する。本書は，オーナー会社の創業者等から後継者への事業承継に関する具体的な事例を取り上げた上で，その法務上・税務上の問題点について解説するものである。

　オーナー会社は，株式会社（従前の有限会社を含む。）の形態で組織され，運営されていることが最も一般的であるといえるが，合同会社や合名会社といった持分会社の形態，一般社団法人といった持分のない法人の形態で組織され，運営されていることもある。本書は，基本的には，株式会社の形態で組織されたオーナー会社を念頭に置いた上で，創業者等が保有する株式を後継者に承継させることで事業承継を実現するための具体的な手法について解説することを中心とする。

　事業承継の前提として，まず重要となるのは後継者である。創業者等の親族に後継者がいる場合には，オーナー会社の株式を親族後継者に承継させ，当該会社の支配権を承継させることで，事業承継を図ることになる（これを「親族内承継」ともいう。その具体的な事例につき，第2章第1「親族内承継」参照）。これに対して，親族に後継者がいない場合には，親族以外の第三者に株式を承継させる，あるいは事業そのものを承継させることで事業承継を図ることになる（これを「親族外承継」ともいう。その具体的な事例につき，第2章第2「親族外承継」参照）。

　特に，親族外承継の場合，どのように後継者を選定するかということが重要な課題となりうる。取引先や金融機関との関係を維持し，また，従業員との関係を良好なまま保つためには，すでに長年会社に勤務している非親族の従業員，役員等が後継者として適切な場合もある。そのような場合には，非親族の従業員，役員等に事業を承継させることを検討することになる。

　従業員，役員等にも後継者がいない場合，完全な外部の第三者に株式を承継させる（あるいは事業そのものを承継させる）ことを検討することになる。いわゆる M&A である。創業者等としては，誰にも事業を承継させることができない場合には，廃業せざるを得ないことになるが，自ら築き上げてきた事業を廃業するには忍びなく，従業員の雇用を守る必要がある場合も多いと思われる。そこで，身近に後継者がいない場合には，完全な外部の第三者への事業承継も重要な選択肢となる。

　後継者がいずれの者になるにしても，株式や事業の承継には複数の方法がありうる。その方法については，承継の時期（創業者等の生前の承継か，相続時の承継か），対価の有無（無償による承継か，有償による承継か）によって大きく分けられる。代表的なものとして，①生前贈与，②遺贈，③死因贈与，④売買がある。①は契約（合意）による生前の無償譲渡，②は遺言（単独行為）による相続時の無償譲渡，③は契約による相続時の無償譲渡，④は契約による生前の有償譲渡である。以下では，それぞれの方法に関する法務上及び税務上の留意点について，基礎的なところを述べる。

第2　承継の方法と法務・税務上の留意点

1　生前贈与による事業承継

　生前贈与による事業承継は，主に，オーナー会社の創業者等が高齢となったことなどを理由に，その生前に，その保有する株式を次世代の後継者に無償で移転することで事業承継を図るものである。これは親族に後継者がいる場合の承継方法として活用されることが多いといえる。この点，生前贈与には，創業者等が自らの意思によって後継者との間で贈与契約を締結することで，その時点で確実に自らが意図する後継者に事業を承継させることができるというメリットがある。これには，以下で述べるとおり，法務上の留意点と税務上の留意点がある。

(1)　法務上の留意点

ア　株式の集中

　オーナー会社の場合，創業者等に株式が集中している場合もあれば，親族間で分散している場合もある。すでに分散している場合はもちろん，現在は集中しているとしても将来の相続によって分散する可能性がある場合には，会社の経営が不安定なものとなりうる。留意を要するのは，少数株主であっても，会社法上，経営に関与する各種の手段（帳簿閲覧請求権等）が与えられていることからすれば，事業承継後の安定的な経営という観点から最も望ましいのは，株式を100％後継者に集中するということである。仮に株式を100％集中させることが難しい事情があるとしても，少なくとも株主総会で重要事項を決議するために必要な3分の2以上の議決権を確保することが望ましいといえる。

　議決権の確保という観点からは，例えば，会社法上の種類株式を活用するということも考えられる（**設例8**参照）。すなわち，非後継者には，議決権のある普通株式ではなく，議決権制限株式（株主総会での議決権が制限されている株式）を保有させることで，後継者に経営権を集中させることが可能となる。

　また，将来の相続によって株式が分散するという事態を防止するために

は，定款において相続人に対する売渡請求（相続によって株式を取得した者に対して，会社が株式の売渡請求を行い，強制的に買い取ること）を可能とする条項を定めておくことも有用である（設例4参照）。

　なお，直ちに経営権を全て後継者に引き渡すことが不安な創業者等としては，自らが拒否権付種類株式（いわゆる黄金株）を保有し，特定の決議事項について拒否権を保持するということも考えられる。

イ　特別受益

　親族内承継においては，後継者は創業者等の相続人に相当することが多いといえるが，後継者に株式を集中する場合，他の相続人との関係について考慮する必要がある。典型的には，親から子に承継がなされる場合において，当該後継者の他に相続人がいなければ特段の問題は生じないが，他に相続人がいる場合には，創業者等の相続が開始した後に株式の生前贈与をめぐって紛争が生じる可能性がある。すなわち，相続人が複数いる場合に，特定の相続人に対して生前贈与がなされているとすれば，相続開始後，当該贈与を「特別受益」として持ち戻すこと（遺産分割の対象となる相続財産に合算すること）が必要となる場合があり，これが遺産分割において相続人間の紛争の原因となりうる。

　この特別受益の持戻しの制度趣旨は，複数の相続人の一部に多額の生前贈与を受けた者がいた場合に，残りの遺産についてのみ法定相続分に従って各相続人が相続するという結果を認めるとすれば，一部の相続人による（抜け駆け的な）遺産の前取りを認めることになり，不公平が生じうることから，特別に利益を受けた分を相続財産に持ち戻させた上で，各相続人の具体的な相続分を計算することとするものである（民法903条1項）。ただし，その例外として，贈与者は，いつでも任意の方法により，生前贈与について特別受益の持戻しを免除することができるとされている（同条3項）。

　したがって，相続開始後に特別受益の持戻しが主張されて紛争になることを避けるためには，贈与契約書において，民法903条3項に基づく特別受益の持戻しの免除を明確に定めておくことが考えられる。

ウ　遺留分

　相続に関するより重要な問題として，株式の生前贈与については，特に

　その株式の評価額が高額である場合には，特定の相続人の「遺留分」を侵害する可能性があり，これが相続開始後に紛争の原因となりうることが挙げられる。この遺留分の制度は，被相続人が保有していた財産のうちの一定割合を各相続人の最低限の取り分として保障するものであり（民法1042条1項），これを贈与者が任意に排除することはできない。各相続人の遺留分は，遺産全体に対する遺留分割合（原則として2分の1。ただし，直系尊属のみが相続人の場合は3分の1）に法定の相続分を乗じることによって算出される。この遺留分の計算に当たっても，相続開始時に現存する相続財産に加えて，生前贈与された財産の持戻しが強制的になされる（同法1043条1項）。

　そこで，特に株式の評価額が高額である場合には，生前贈与された財産が多額なものとなるため，特定の相続人の遺留分を侵害する可能性が高まり，相続開始後の紛争につながることとなる。しかも，従前の判例の解釈では，相続人に対する生前贈与については，その時期を問わずに全てが持戻しの対象とされていたことから，遺留分侵害をめぐって，過去の数十年も前の贈与が争われるという不合理な事態が生じる原因となっていた。もっとも，この点は，民法及び家事事件手続法の一部を改正する法律（平成30年法律第72号。2019年7月1日施行）による民法改正（以下「相続法改正」という。）によって改善され，相続人に対する生前贈与について，遺留分の計算に当たって持戻しの対象となるのを相続開始前の10年間になされたものに限定することとされた（民法1044条3項）。これにより，株式を承継させる後継者が相続人である場合，従来の取扱いでは，将来，それが何十年先であっても，相続が生じた際に，遺留分を侵害するものとして他の相続人から遺留分減殺請求がなされて紛争が生じる可能性があったが，相続法改正後は，株式を生前贈与した後に10年が経過した場合には，基本的には他の相続人から当該株式に関して遺留分に関する請求（遺留分侵害額請求）にはなされないことになっている。

　したがって，高額の株式を生前贈与によって後継者に承継させる場合には，なるべく早期に後継者に生前贈与しておくことで遺留分をめぐる紛争を回避することが考えられる。もっとも，相続がいつ発生するかは確実に予測できるものではないことから，その他の遺留分対策をしておくことも

検討されるべきであろう。

　遺留分対策としては，例えば，遺留分を侵害しないように他の相続人にも十分な財産を残すことのほか，家庭裁判所の許可を得て，事前に遺留分の放棄をしてもらうこと（民法 1049 条 1 項）も考えられる。さらには，遺留分に関する民法の特例を活用することも考えられる（設例2参照）。

　なお，株式の生前贈与によって遺留分を侵害された相続人は，相続開始後，遺留分侵害額請求（遺留分減殺請求）をすることが認められており，実際にその請求がなされた場合，従前の制度では，遺留分を侵害する範囲で生前贈与が無効となり，当該株式の共有状態が生じるものとされていた。このために円滑な事業承継が困難になることや共有関係の解消をめぐる紛争が生じる原因となることが指摘されていた。この点についても，相続法改正によって改善がなされており，遺留分侵害額請求がなされた場合には，財産の共有状態が生じるのではなく，その遺留分を侵害する額についての金銭請求権のみが認められるものとされた（民法 1046 条 1 項）。これによって株式が共有状態になることはなく，全て金銭によって解決が図られることになる。他方で，金銭請求がなされた場合，即時に資金を準備できない事態が生じることも想定されることから，そのような場合には裁判所に対して期限の許与を求めることができる制度が併せて設けられている（同法 1047 条 5 項）。

(2) 税務上の留意点

ア　贈与税

　株式の生前贈与による事業承継で税務上問題となる（円滑な事業承継の阻害要因となる）ことが多いのが贈与税である。贈与税は，贈与によって財産を取得した者に対して，当該財産の価額を基礎として，一定の税率（贈与を受けた価額に応じた累進税率）を乗じて課せられる（相続税法 21 条の 2 第 1 項，21 条の 7）。その最高税率は 55％であり，株式の価値が高額であるとすれば，多額の贈与税が生じることになる。そこで，その納税資金が十分でない場合には，円滑な事業承継が阻害されることになるため，どのように納税資金を確保するかということが重要な課題となりうる。納税資金を確保するための方策としては，例えば，生命保険を活用することが考えられる

（**設例3**参照）。

　また，納税資金の確保と併せて，贈与税を軽減するための方策についても検討が必要となる。この贈与税対策としては，まず，株価対策が挙げられる。すなわち，贈与税は財産の価額を基礎として課せられるところ，株式を評価するに当たっては，財産評価基本通達によるべきものとされており，同通達に従った評価額をなるべく抑えるようにすることが考えられる（株式の評価方法の詳細については，後記第3参照）。それでも，株価対策には一定の限界があることから，他の方策を併用することが検討される。

　そのような方策について検討する上で，贈与税には，「暦年課税制度」と「相続時精算課税制度」があることを念頭に置く必要がある。暦年課税制度は，贈与税における一般的な課税制度であり，年間に贈与を受けた財産の合計価額から基礎控除として110万円を控除した額に累進税率を適用して税額が計算される。累進税率というのは，贈与を受けた財産の合計価額に応じて税率が高くなるというものであり，株式を一度に贈与する場合には最高税率（55%）が適用される場合でも，複数年間にわたって贈与することで税率を軽減する余地がある。このことから，株式の承継に限らず，次世代に対する資産承継においては，長期的視点で，毎年，贈与をすることが検討されることもある。もっとも，この方法では，承継に当たって長期間を要することから，創業者等が高齢である場合など，それが必ずしも適切であるとは限らない。そこで，もうひとつの課税制度である相続時精算課税制度（相続税法21条の9）を利用することが考えられる。

　相続時精算課税制度は，特定の贈与者からの生前贈与を暦年で区切るのではなく，その贈与者からの贈与について，相続が発生するまでの全ての贈与を対象として，2500万円の特別控除額に満つるまでは課税がなされず，同額を超える部分について一律20%の税率で贈与税の課税がなされるというものである。特別控除額があることに加えて，本来の最高税率が55%であることに比べると，贈与時の税負担が大幅に軽減される。そして，贈与者に相続が発生した場合には，生前贈与された財産の評価額を相続財産に加算して相続税の計算をした上で，支払済みの贈与税額を相続税額から控除して精算することになる。これにより，相続時には，相続税額と納

付済みの贈与税額との差額を追加で納付することが必要になるが，暦年課税制度によって一度に税負担が生じるよりも納税資金を準備することが容易になるといえる。留意点として，この制度は，特定の贈与者ごとに選択することができる（例えば，父親からの贈与についてのみ，あるいは母親からの贈与についてのみ精算課税制度を適用し，他の者からの贈与については暦年課税制度を適用するといったことが可能である）が，いったん適用を選択した場合には，その後，当該贈与者からの贈与について暦年課税制度に戻すことはできないということである。また，適用が選択できるのは，贈与者が60歳以上，受贈者が20歳以上である場合に限られるので，この点も留意が必要である。

　さらに，近年では，株式の生前贈与による円滑な事業承継を促進するため，贈与税の負担を大幅に軽減するための特別の制度である事業承継税制が設けられており，これを活用することも検討される（**設例1参照**）。

イ　所得税

　以上は贈与税の問題であるが，株式を移転する場合には所得税（株式の含み益に対する課税）の問題についても検討が必要である。もっとも，後継者が日本の居住者であることを前提にすれば，個人から個人に対する株式の贈与については，贈与される株式に含み益がある場合（株式取得時から贈与時までに株価が値上がりしている場合）でも，贈与時には譲渡所得税の課税はなされず，受贈者にそのまま株式の取得費が引き継がれることになる（所得税法60条1項1号）。したがって，所得税については特段の課税関係は生じないことになる。

　なお，これに対して，個人から法人に対して株式の贈与がなされる場合には，たとえ現実には対価の支払がないとしても，時価で譲渡したものとみなして所得税の課税がなされることになる（所得税法59条1項1号）。

2　遺贈による事業承継

　遺贈による事業承継は，主に，創業者等が遺言書を作成しておき，その遺言において，相続開始時に株式を承継すべき後継者を指定しておくものである。これも生前贈与と同様，無償による株式の移転であり，親族内承継で用

いられることが多い。生前贈与と異なるのは，創業者等が生存中は株式の保有を継続することができるという点である。そこで，例えば，後継者による経営支配に不安がある場合，老後の生活資金として配当収入が必要な場合，事業承継の対象となる会社が事業会社ではなく資産管理会社であって生前の承継が不要である場合など，創業者等が生存中には株式を承継させない一定の事情がある場合の承継方法として活用される。なお，遺贈は遺言によるものであり，契約である生前贈与とは異なり，いつでも撤回可能である（民法1022条）ところにも特徴がある。

　株式の遺贈による事業承継に関しても，下記のとおり法務上の留意点と税務上の留意点がある。

(1) 法務上の留意点

ア　特別受益・遺留分

　遺贈は遺言によって行うものであり，生前贈与は契約によって行うものであるという違いはあるものの，いずれも無償による財産の移転であり，遺贈の場合も生前贈与の場合と同様に，特に遺贈の対象となる株式が高額である場合には，特別受益の持戻しや遺留分侵害をめぐる問題が生じうる。

　そこで，遺言書において，特別受益の持戻し免除を定めておくこと，遺留分に配慮した遺言書を作成すること（遺留分を侵害しないように財産を分配することや遺贈をするに至った心情を付言事項として記載しておくことなど）が基本的な対策として考えられる。

イ　遺言の有効性

　さらに，遺贈においては，遺言に特有の問題として，その有効性が争われる可能性があり，相続開始後に遺言が無効とされることのないように留意が必要である。

　遺言の方式には，一般に，自筆証書遺言（民法968条1項）と公正証書遺言（同法969条）があるが，自筆証書遺言の場合，全文の自書が必要である（ただし，相続法改正により，全文自書の例外として，財産目録に限っては印字したものに署名・押印することも認められる）ほか，作成日の明示，遺言者の署名・押印など，その要式が厳格に定められており，それを遵守しない場合には無効とされる可能性がある。もちろん，自筆証書遺言には，誰の関与もな

くひとりで作成することができ，費用もかからないという簡便性がメリットではあるが，その反面，上記のとおり形式違反によって無効とされるリスクがあることに加えて，その記載内容が不明確である場合には遺言の解釈をめぐる紛争の原因となりうる。さらには，遺言書の紛失や相続人による破棄，隠匿，書換え等のリスクもある（ただし，この点は，相続法改正後，法務局で遺言を保管することも認められる。）。

　これに対して，公正証書遺言は，公証人1名と証人2名以上の関与のもとで作成されるものであり，他人の関与が必要となり，所定の費用もかかるものの，形式違反によって無効とされるリスクはなく，法律の専門家である公証人が関与するがゆえに，その記載内容が不明確であるとして紛争になる可能性も低く，さらには，遺言書は公証役場で保管されることから紛失等のリスクもない。このように，公正証書遺言については，確実性という点が最大のメリットであり，事業承継という重要な場面では，簡便性よりも確実性が重視されるべきことが多いと考えられる。

　また，これは必ずしも遺言に特有の問題ではないものの，創業者等がすでに高齢である場合には，遺言の有効性をめぐって，遺言書作成時の意思能力が問題となる可能性がある。すなわち，法律上，遺言は，満15歳以上であれば誰でもすることできるのが原則である（民法961条）が，それは遺言の意味内容を理解できる意思能力を有することが前提とされている（同法963条）。すなわち，遺言が有効に成立するためには，遺言書を作成する時点で意思能力を有している必要があり，遺言書を作成した当時に意思能力がなかったと判断された場合には，その遺言は無効とされることになる。とりわけ，遺言者が高齢者の場合には，認知症などによる意思能力の低下が問題とされ，遺言の効力が争われるケースも多い。意思能力の有無について判断するための資料としては，医療機関における診断書，診療記録（カルテ），看護（介護）記録，介護認定に関する資料のほか，認知能力に関するテストとして一般に長谷川式簡易知能評価（長谷川式スケール）が用いられており，その点数が参考になるとされている。そこで，遺言をする創業者等がすでに高齢の場合，後で遺言が無効とされないようにするため，その意思能力に関する資料として，例えば，医師による診断書や長

谷川式スケールの検査結果を保存しておくことも有用な場合があると考えられる。

(2) 税務上の留意点

　生前贈与と異なり，遺贈された財産については，贈与税ではなく，相続税の課税対象となる。その最高税率は贈与税の場合と同様に55％であり，株式の価値が高額であるとすれば，多額の相続税が生じることになる。ただし，贈与税の場合，暦年課税制度を前提にすれば，受贈者が年間に贈与を受けた財産の合計価額を基礎として累進税率が適用されて税額が算出されるが，相続税の場合はこれとは異なる方法によって税額が算出される。すなわち，相続税においては，相続税の課税対象となる財産について，その取得者が誰であるかにかかわらず，いったん全部の財産の価額を合計し，そこから一定の基礎控除額を控除した残額を法定相続分に応じて分割した上で累進税率を適用し，相続税の総額を算出する（相続税法16条）。その上で，相続税の総額を実際の財産の取得割合に応じて各財産の取得者に配賦するものとされている（同法17条）。したがって，贈与税の対象となる生前贈与と相続税の対象となる遺贈とでは，最終的に納付する税額が異なることになる。

　いずれにしても，遺贈による場合，生前贈与による場合と異なり，相続が発生するタイミングを確実に予測することはできず，移転する財産の範囲を調整することもできないため，相続人らにとっては納税資金が十分でない状況において，予定外の高額の税負担が生じる可能性がある。株式を承継した後継者において納税資金が十分でない場合には，円滑な事業承継が阻害されることになる。そこで，納税資金をどのように確保するかを事前に検討しておくことが重要となる。

3　死因贈与による事業承継

　死因贈与は，贈与者の死亡時に受贈者に財産を移転することを事前に合意しておくものである。死亡によって財産移転の効力が生ずるという点において遺贈と同様であり，基本的には，遺贈に関する規定が準用される（民法554条）。また，税務上も，死因贈与は遺贈と同様に取り扱われる（相続税法1条の3第1項1号）。そこで，後継者に対する株式の死因贈与は，遺贈と同様に，

創業者等が生存中には株式を承継させない一定の事情がある場合の事業承継の方法として活用される。

　もっとも，死因贈与と遺贈とで異なるのは，後継者の地位の確実性である。すなわち，遺言の場合はいつでも何らの制限なく撤回可能であることから，後継者の地位は不安定とならざるを得ないが，死因贈与は契約であることから，撤回できない場合があるという相違がある。より具体的には，遺贈は単独行為（事前に相手方との合意が不要）であることから，たとえ「必ず遺贈する」という約束をして遺言書を作成していたとしても，遺言を撤回するのは完全に自由であり，それに何らの制約もない。したがって，後継者の地位は不安定なものとなる。これに対して，死因贈与は契約（事前に相手方との合意が必要）であることから，その撤回は完全に自由にはできない。すなわち，死因贈与も，遺贈と同様に贈与者の最終意思を尊重すべきであることから，贈与者の意思表示のみによって撤回できるというのが原則であるとされつつも（最判昭和47年5月25日民集26巻4号805頁参照），例えば，負担付贈与について負担の履行がすでになされていた場合は，撤回するためにはやむを得ない特段の事情が必要とされている（最判昭和57年4月30日民集36巻4号763頁参照）。また，裁判上の和解によって死因贈与がなされた場合に，撤回が認められなかった事例もある（最判昭和58年1月24日民集37巻1号21頁参照）。このように，死因贈与も遺贈と同様に贈与者の最終意思を尊重すべきであり，原則として撤回は認められるものの，受贈者の利益や死因贈与に至る経緯などを考慮して，撤回が信義に反する場合は，撤回は認められないことになる。したがって，後継者の地位は，遺贈と比べて相対的に，確実なものとなる。

　また，死因贈与は遺贈よりも柔軟になしうるという特徴がある。すなわち，遺贈は単独行為であり，その意思を明確にするため，法律が定める厳格な方式に従って作成される遺言書でもってする必要がある（民法960条）。これに対して，死因贈与は契約であって厳格な方式の定めはなく，通常の契約書と同じような様式の書面ですることができ（さらには書面のない口頭による死因贈与が認められる余地もある），公正証書にする場合も証人の立会いは不要である。

4 売買による事業承継

　以上で述べた事業承継の方法はいずれも承継に当たっての対価を伴わないもの（無償による譲渡）であったが，対価を伴うものとして，有償による譲渡，すなわち，売買による事業承継という方法がある。贈与税・相続税の問題を避けるために親族間で株式の売買による事業承継がなされることもあるが，親族に後継者がいない場合に，親族以外の第三者に事業承継をする方法として，売買が用いられることが一般である。売買の場合，創業者等が保有する株式を譲渡することで事業承継が図られるほか，事業そのものが譲渡されることもある。

　売買による事業承継に当たっての法務上・税務上の留意点は以下のとおりである。

(1) 法務上の留意点

ア 役員等への承継（MBO）

　オーナー会社における親族以外の後継者としては，まず，その会社に長年勤めてきた役員・従業員が考えられる。この点，現経営陣である役員がオーナーから株式を買い取ることを一般にマネジメント・バイアウト（MBO）という（設例12参照）。役員等を後継者とする場合，すでに事業に深く関与してきた者による承継であることから，円滑な事業承継が見込まれることも多い。

　ただし，ここでの問題として，株式の価値が高額である場合には，買取りをする者が売買代金をどのように調達するかということが挙げられる。この点，例えば，対象会社自体に余剰資金が豊富にある場合には，会社から貸付けをした上で株式の譲渡代金に充てるということが考えられる。また，役員等が株式を取得するための受皿会社（特別目的会社；SPC）を設立した上で，当該会社が資金調達をするという方法も考えられる。そのほか，株式の譲渡代金を分割での支払にすること，譲渡する株式数を調整すること（経営に必要な一定数を後継者に譲渡し，残りを創業者等が保持し続けること）なども検討される。

イ M&Aによる承継

　役員・従業員の中に後継者がいない場合には，全くの第三者に株式を売

却すること，事業そのものを売却することが検討される。いわゆる M&A であるが，身近に後継者がいない創業者等にとっては，事業を廃業する場合にはそれまで培ってきたものが失われ，従業員の雇用を確保することもできないという問題があり，大事な事業を存続させるために第三者に売却して事業を承継してもらうということが有力な選択肢となりうる。

　M&A の在り方としては，対象会社を買収会社が吸収合併するという方法がある（**設例 14** 参照）。もっとも，合併の場合は対象会社の簿外債務や偶発債務を全て合併する側が承継するというデメリットがある。そこで，そのようなリスクを限定するため，株式を譲渡するという手法が用いられることが多い（**設例 15** 参照）。

　株式譲渡の場合，株式譲渡の承認手続など，会社法上の手続を踏む必要があるが，株式の売買契約をすることのみでオーナーチェンジが実現し，会社の中身そのものに変動はない。したがって，取引先や金融機関との契約関係，従業員との雇用関係，官公庁からの許認可関係などはそのまま維持され，基本的に承継の手続は不要であるというメリットがある。譲り受ける側としても，株式の譲渡代金の範囲に投資リスクを限定することができ，また，対象会社の法人格をそのまま維持することができるため，買収後の経営を柔軟に行うことができる。

　これに対して，M&A の対象となる会社が複数の事業を営む場合に，譲り受ける側において，不採算部門は切り離して採算部門のみを承継したいといったニーズがありうる。また，株式の譲渡代金の範囲にリスクは限定されるとはいえ，簿外債務や偶発債務をめぐる紛争をあらかじめ排除しておきたいというニーズもありうる。そのような場合には，株式の譲渡ではなく，承継する資産・負債を特定した上で，事業譲渡によって事業そのものを譲渡することで事業承継を図るという方法もある。事業譲渡には，承継の対象となる事業及びこれに関する資産・負債を選別することができるというメリットはあるものの，他方で，承継の対象となる契約関係や雇用関係について，ひとつひとつ相手方の同意を取得して承継させる必要があるという煩雑さがある。そこで，その煩雑さを避けるため，事業譲渡ではなく，次に述べる会社分割（中でも，既存の法人に事業を移転させる吸収分割）

を利用するということもひとつの選択肢となる。

　吸収分割は，その事業に関して有する権利義務の全部又は一部を分割し，既存の他の法人に承継させるものである。法人税法上の定義で説明すると，分割により事業を切り出す会社を「分割法人」といい（法人税法2条12号の2），事業の承継を受ける会社を「分割承継法人」という（同条12号の3）。また，会社分割の対価を分割会社が受け取るものを「分社型分割」といい（同条12号の10），分割会社の株主が受け取るものを「分割型分割」という（同条12号の9）。M&Aでは，分割法人の株主に特段の課税関係が生じない分社型分割が一般であるといえる。また，分割の対価は分割承継法人の株式であってもよいが，現金を対価とすることが多い。吸収分割のうち，現金を対価とする分社型分割は，買手側が現金と引換えに対象事業を承継するものである。機能としては，事業譲渡に類似しつつ，事業譲渡とは異なって対象事業に関する権利義務を包括的に承継できることから，取引先等との契約関係について個別の移転手続を要することなく承継することが可能となる点にメリットがある。ただし，契約によっては，オーナーチェンジ条項として，会社分割の際には事前に相手方への通知又は承諾が必要である旨が規定されていることもあるため，個別の契約書の確認が必要となる。また，会社分割では，分割事業に主として従事する労働者との労働契約が包括承継されることから，当該労働者を保護するための手続として，会社の分割に伴う労働契約の承継等に関する法律に基づく労働契約承継手続も必要となる。

(2) 税務上の留意点

ア　株式の譲渡価額

　売買によって創業者等から後継者に株式が譲渡される場合，当該譲渡をした創業者等を納税義務者として，その譲渡益に対して20.315％（地方税及び復興特別所得税を含む）の譲渡所得課税（申告分離課税）がなされることになる（租税特別措置法37条の10第1項）。その譲渡価額が適正なものであるとすれば，それで課税関係は完結して特段の問題はない。

　これに対して，譲渡価額が株式の適正な価額に比して著しく低いものであるとすれば，低廉譲渡として課税上の問題が生じうる。すなわち，株式

を譲り受ける者が個人であるとすれば，譲渡対価と適正な価額との差額について，当該個人に対するみなし贈与課税（相続税法7条）の対象となりうる（設例11参照）。また，株式を譲り受ける者が法人であるとすれば，その差額について受贈益として法人税の課税対象となりうるほか，その譲渡対価が株式の適正な価額の2分の1未満であるとすれば，時価によって譲渡したものとみなされ，売主である創業者等に対してもみなし譲渡課税がなされうる（所得税法59条1項2号）。さらに，その上で，事実関係によっては，当該法人の株主たる個人に対するみなし贈与課税もなされうる（相続税法基法通達9-2参照）。

　ここで，適正な価額とは，財産評価基本通達によって算定される価額をいう。この点，親族以外の第三者に株式を譲渡する場合には，通常，その対価は交渉によって合意される価額であって，これが低廉譲渡として税務上問題とされる可能性は低い（もっとも，例えば，役員・従業員に事業承継させる場合に，買取り資金が不足するために低廉な価額で譲渡することもありうることから，留意が必要である）。

　これに対して，第三者ではなく親族間において株式の売買がなされる場合には，その価額は交渉ではなく任意に設定することが可能となるため，その価額が適正であるかどうかが問題とされることも多いといえる。株式を譲り受けた後継者が創業者等に対して適正な価額の対価を支払わない場合には，上記のとおりみなし贈与の課税がなされることになる。そこで，かかる課税関係が生じることを避けるためには，相続税基本通達に従って算定される価額を踏まえて譲渡価額を検討する必要がある。他方で，後継者（子）から創業者等（親）に株式の譲渡代金が支払われる場合，その代金は将来における相続財産を構成することになる。後継者としては，自ら創業者等に支払った株式の譲渡代金が再び相続財産として課税の対象になることから，課税上非効率となることがありうる。そこで，親族間で株式を売買する場合には，事業承継の観点のみならず，将来における相続税の観点からも，効率的な資産承継の方法について併せて検討することが望ましい。なお，後継者において十分な資金がない場合，譲渡代金の支払条件を分割とすることもありうる。そのように株式の売買時に直ちに対価が支

払われない場合でも，未払の売買代金債権はやはり同様に相続財産を構成することになる（仮に，売買後に代金債務を免除するとすれば，贈与税の課税対象となる。）。

　なお，親族間で株式を売買するにしても，第三者との間で株式を売買するにしても，後継者において十分な資金がない場合，承継の対象となる会社から売買代金を貸し付けるということが考えられる。この場合，法人税の観点からは，一定の利息を計上することが必要となる。

イ　退職金

　株式の売買による事業承継について検討する上で重要となるのが，事業承継に伴う役員の退任及び退職金の支給である（**設例9**参照）。すなわち，オーナー会社では，そのオーナーである株主が同時に会社の役員でもあることが一般であるが，株式の売買による事業承継時，株主が役員を退任することも多い。この点，役員が退任するかどうか，また，退任時に退職金を支給するかどうかは，円滑な事業承継という観点からの検討も重要であるが，以下でみるとおり，税務上の観点からも重要となる。

　退任する役員に対して支給される退職金は，当該役員においては退職所得（所得税法 30 条 1 項）として他の所得とは異なる取扱いがなされる。すなわち，退職所得には老後の生活のための資金という側面があることから，他の所得よりも課税上優遇されている。具体的には，支給される退職金の額から勤続年数に応じた一定の退職所得控除額を控除することが認められた上で，その 2 分の 1 のみが退職所得として課税の対象となる。そして，退職金を支給する場合には，その分だけ譲渡される会社の純資産は減少し，株価が下がることになるため，通常，その譲渡価額も低下することになる。これを税務の観点からみると，株式を譲渡する側としては，退職金の支給を受けた分だけ譲渡所得（同法 33 条 1 項）の課税対象が少なくなることを意味する。退職所得に対する課税と譲渡所得に対する課税では税額が異なることから，合計税額で有利となる可能性がある。さらに，譲渡を受ける側としても，譲渡価額を抑えることができる上，支給された退職金は過大なものでない限り（法人税法 34 条 2 項参照），当該会社において法人税の計算上損金算入されることから，将来における法人税の負担が減少すること

になる。

　このように，株式の売買による事業承継においては，税務上の観点も踏まえて，役員の退任及びそれに伴う退職金の支給，並びにそれらを踏まえた株式の譲渡代金について総合的に検討することも重要である。

ウ　事業譲渡・会社分割

　以上は株式の売買による事業承継に関する税務上の留意点であるが，事業譲渡や会社分割（吸収分割）による事業承継の場合には異なる課税関係となりうる。すなわち，事業譲渡や会社分割の場合には，承継の対象となる会社の株主個人ではなく，当該会社そのものが譲渡人（分割会社）となることから，それによって生じる所得についての納税義務者が異なることになる。具体的には，株主個人が会社の株式を譲渡する場合には，当該個人を納税義務者として，前述のとおり，その譲渡益に対して20.315％（地方税及び復興特別所得税を含む）の譲渡所得課税（申告分離課税）がなされる（租税特別措置法37条の10第1項）。これに対して，会社そのものが事業譲渡や会社分割によって事業を移転する場合には，当該会社を納税義務者として，譲渡益に対する法人税等の課税がなされる。法人税等の税率はおおむね30％であるが，繰越欠損金がある場合にはその税額は減少しうる。

　なお，事業を移転した後，さらに会社を解散する場合，当該会社の財務状況によっては株主に対しての課税もなされうる。すなわち，解散によって分配される財産の価額のうち，資本の払戻しに相当する部分については課税の対象にはならないが，それを上回る部分については，（みなし）配当所得（所得税法25条1項4号）として総合課税の対象又は譲渡所得（同法33条1項）として申告分離課税の対象となる。会社設立時からの株主である創業者（及びその一般承継者）の場合，通常は，譲渡所得ではなくみなし配当課税の対象となることが多いといえる。これに対して，株式を買い受けるなどによって取得した株主の場合には，一部がみなし配当課税となり，一部が譲渡所得課税の対象となりうる。

第3　株式の評価方法

1　株式評価の重要性

　株式の価値は，それを評価する観点によって大きく変動する。例えば，貸借対照表上の資産を重視して評価した場合，貸借対照表上に表れる価値の高い資産がなければ，株式の価値は低く評価される。しかし，貸借対照表に表れていないノウハウ，販売網，ブランド力等を有している会社は高い収益力・成長力を有しており，事業の収益力・成長力を重視して評価した場合，株式の価値を高く評価されることになる。このように，株式の価値を評価する上では，どのような評価方法を用いるかによって大きく結果が異なりうるところに株式評価の難しさがある。

　そして，株式の承継によって事業承継を図る場合，生前贈与や売買など，複数の方法が検討されうるが，いずれの方法を用いるとしても，予定外の税負担が生じることで円滑な事業承継が阻害されることを避ける必要がある。そのためには，贈与税や譲渡所得税の課税関係を事前に適切に分析した上で実行することが重要である。そして，その際には，税務上，株式の適正な評価額が常に問題となりうることから，株式の承継について検討する上では，対象となる株式をどのように評価するかということが重要となる。

2　株式評価の方法

　株式評価の方法として，贈与税や相続税の課税価格を計算する際に用いられる財産評価基本通達による評価方法と，それ以外の様々な評価方法（インカム・アプローチ，マーケット・アプローチ，ネットアセット・アプローチ等）が存在する。一般には，自由市場で利害関係のない第三者間で成立する取引価額を「時価」といい，贈与税や相続税の課税価格も「時価」に基づいて計算されるが，実際に時価を算定することは困難な場合も多いことから，財産評価基本通達は，その算定を簡便なものとするため，一定の算式によって算定される価額を時価として取り扱うこととしている。そして，過大な課税を避けるため，通達によって算定される価額は，一般的な意味における時価よりも低

額となることが通常である。

　このことから，なるべく価格を抑えたいとされる親族間における株式の譲渡の場合は財産評価基本通達による評価方法で評価することが多いといえる。そして，相続による株式の承継の場合も，当然，財産評価基本通達による評価方法で評価する。この点，財産評価基本通達は，非上場株式の評価について，3種類の評価方法を規定しており，その基準に従って株式を評価する。

　他方で，M&Aなど，第三者間で株式を譲渡する場合は，実際の価値を正しく算定するため，簡便な計算方法である財産評価基本通達を用いるのではなく，それ以外の評価方法を用いて株価を算定することも多い。ただし，株式の評価方法には絶対的な基準があるわけではないので，当事者がそれぞれ株価を算定することになるのが一般的である。なお，非上場株式の譲渡において，財産評価基本通達は基準が明確であるため，株式評価方法としてそのまま用いられ，又は参考にされることもある。そうはいっても，財産評価基本通達による株式評価については，基準が明確であることを利用して，事前の対策により株価を一定程度操作することが可能であるため，その株価が会社の価値を適切に反映しているかどうかを十分に吟味する必要がある。

3　財産評価基本通達による株式評価方法

(1) 評価方式の判定

　株式が親族間で贈与・相続される場合，財産評価基本通達の評価方法によって株式を評価することになる。財産評価基本通達では，取引相場のない株式の場合，経営支配力を有する支配株主が保有する株式と，そうではない少数株主が保有する株式を区分し，それぞれについて評価方法が異なる。

　株主が支配株主と少数株主のいずれに区分されるかについては，株主構成，議決権割合などにより判断する。支配株主と判定された場合には原則的評価方式により，少数株主と判定された場合には配当還元方式による。

(2) 原則的評価方式

　原則的評価方式は，会社を，従業員数，純資産価額，売上高により，大会社，中会社，小会社に区分して，それぞれについて評価方法を定めている。

　大会社は，原則として，類似業種比準価額方式により評価する。類似業種

比準価額方式とは，当該会社と類似業種の会社の株価を基準として，評価する会社の1株当たりの配当金額，利益金額及び簿価純資産価額の三つで比準して評価する方法である。

　小会社は，原則として，純資産価額方式によって評価する。純資産価額方式とは，会社の純資産や負債を，相続税財産評価基本通達が規定する評価額に置き換え，その評価した純資産の価額から負債や評価差額に対する法人税額等相当額を差し引いた金額により評価する方法である。

　中会社は，上記の類似業種比準価額方式と純資産価額方式を併用して評価する。

(3) 配当還元方式

　配当還元方式とは，その株式を所有することによって受け取る1年間の配当金額を，一定の利率（10%）で還元して，元本となる株式の価額を評価する方法である。配当を基準とする評価方法であるため，会社の規模にかかわらず同じ評価方法が適用される。

4　M&A など株式譲渡の場合の株式評価方法

　M&A など株式譲渡の場合でも，非上場株式の評価方法として相続税財産評価基本通達を用いる場合がある。これは，①評価基準が明確，②比較的簡便に適用できる，③株式保有者が相続時の評価額で株価を認識していることが多い，といった理由による。

　しかし，M&A などの株式譲渡においては，その会社の価値自体が問題となるのであり，財産評価基本通達を単純に適用するだけでは，会社の価値を適切に評価できない場合がある。そこで，後述する様々な評価方法等の中から，会社の価値を適切に反映する評価方法を選択し，場合によってはそれらを組み合わせて評価するなどして，株式の評価を行う。

(1) 総　論

　会社の価値を評価する方法として，大きく分けると3種類の方法がある。

　一つ目は，その会社が将来得ることができると予測される，利益やキャッシュフローを基準として会社の価値を評価する，インカム・アプローチである。

　二つ目は，その会社の株式が市場で取引されている価格や売買実例価格を参考にして会社の価値を評価する，マーケット・アプローチである。

　三つ目は，貸借対照表の純資産（総資産から負債を控除したもの）に着目して，会社の価値を評価するネットアセット・アプローチである。

　これらのアプローチは，それぞれの観点から会社ないし株式の価値を評価するものであり，その評価方法の間に優劣はない。それぞれの会社の実情により，会社の価値をできる限り正確に反映するのに適した評価方法を選択する必要がある。また，複数の方法で評価して，それを加重平均することで一面的な評価結果を避けるという方法が採られることもある。

　もっとも，様々な評価方法のなかで，どの評価方法を選択し，それをどのような割合で加重平均するかによって，評価結果は大きく異なる可能性があるため，評価者が恣意的に株価を決定できる余地があることは否めない。最終的には，当事者間で合意できる，最も合理性の高い評価方法を探っていくしかないのである。

(2) インカム・アプローチ

　インカム・アプローチとは，その会社が将来得ることができると予測される，利益やキャッシュフローを基準として会社の価値を評価する方法である。DCF 法，収益還元法，配当還元法などがある。

　M&A においては，その会社を買収することで将来的にどの程度の利益やキャッシュフローを得ることができるのかという点が最大の関心事であることが多いため，インカム・アプローチを適用して株式評価を行うケースが多い。しかし，将来どの程度利益が発生するか，どの程度のキャッシュフローを得ることができるのかという点についてはあくまで予測にすぎず，その予測どおり実現するとは限らないという点で，不確実な評価方法である。また，その予測のなかで，過去の利益やキャッシュフローを参考にすることがあるが，M&A の直近の過去にあった特殊事情を排除しなければ，会社の実態とかい離した評価になるおそれがある。さらに，将来予測の利益やキャッシュフローを，現在価値に割り引く際，どの程度の割引率を設定するかによって評価結果は大きく変動することから，割引率の設定についても注意しなければならない。

①　DCF法（Discounted Cash Flow法）

　DCF法とは，会社が将来生み出すと予測されるフリーキャッシュフロー（自由に使える資金）の金額を算出し，それを現在に割り引いて会社の価値を評価する方法である。DCF法は，会社が将来得ることができると予測されるフリーキャッシュの金額を基準に，現在の会社の価値を評価しようとするアプローチで，例えば，将来的に獲得できるフリーキャッシュが合計1億円で，それを現在価値に割り引けば9000万円になる場合，会社の価値を9000万円と評価する方法である。

　なお，「現在価値に割り引く」とは，現在持っている1億円が年利1％で増えていった場合，10年後には1億1000万円になることから，10年後の1億1000万円を現在の価値に換算すると1億円になると評価するという意味である。

　DCF法は，さまざまな投資の場面で使われる評価方法であるが，あくまで予測に基づくという点で，将来のキャッシュフローが予測しづらい会社には適さない評価方法である。

②　収益還元法

　収益還元法とは，当該会社が将来得るであろうと予測される利益を，その利益を得るために必要な資本コストで除して，現在の価値に割り引いて評価する方法である。

　M&Aにおいては，その会社を買収する当事者が，買収によって将来的にどれだけの収益を得られるかという点に重要な関心を持つため，被買収会社の評価方法として，収益還元法が広く用いられている。

　収益還元法においては，将来の利益を正確に予測する必要がある。そのため，その予測を裏付けるだけの綿密な事業計画を作成しなければならない。会社が持つ収益力と将来への成長力，それらに影響を与える外的な要因（景気動向，為替変動，競合他社の動き等）を詳細に分析し，実現可能な範囲での利益予測を行うことで，会社の価値を正確に評価したといえるからである。そして，事業計画から予測される将来利益を，資本コストで除して現在価値を割り出すのである。

③　配当還元法

　配当還元法は，株主が会社から受け取る配当金の金額を基準にして，その株式の価値を評価する方法である。株主構成の中で，少数株主は会社の支配権を有していないため，少数株主の保有する株式の経済的価値は配当期待権としての価値しかない。そこで，少数株主の株式を評価する方法として配当還元法が用いられることが多い。

　配当還元法は，支配目的とみられない取引相場のない株式を相続した場合の評価方法でも用いられる。また，少数株主が多数存在する会社が，株式を集約しようとする場合にも，その買取価格として配当還元法が用いられることがある。

(3)　マーケット・アプローチ

　マーケット・アプローチとは，その会社の株式が市場で取引されている価格を参考にして会社の価値を評価する方法である。当該会社の株式について，株式市場での取引がある場合や，非上場株式であっても売買実例が多数あるような場合，その会社株式に市場価格が形成されていることから，その株価を基準として株式評価を行うことができる。

　もっとも，非上場株式の多くは，売買実例が全くないケースや売買実例があったとしてもごく少数であるケースが多く，取引価格が形成されているとは言い難いことが多い。そこで，類似業種の会社の株式の取引価格を参考にして，当該会社の株式を評価するというアプローチが採られることもある。

(4)　ネットアセット・アプローチ

　ネットアセット・アプローチとは，貸借対照表の純資産（総資産から負債を控除したもの）に着目して，会社の価値を評価する方法である。簿価純資産法，時価純資産法，純資産価額法などがある。

　純資産（ネットアセット）は，会社が現時点で保有している価値であり，将来予測が含まれておらず，会計基準に従って導き出された数値という点で信頼性が高い。一方で，当該会社の持つ収益力・成長力といった目に見えない価値は全く評価されないため，企業の将来価値を勘案できないという難点がある。

①　簿価純資産法

　簿価純資産法とは，会社のある時点における貸借対照表の簿価純資産価額を，会社の価値として評価する方法である。簿価評価であり，会計基準にのっとっている点で明確な評価方法ではあるが，その一方で，資産の含み益などが反映されないため，会社の資産価値を正確に評価しているとはいえない難点がある。

②　時価純資産法

　時価純資産法とは，会社のある時点における貸借対照表の資産・負債を時価に引き直して評価し，それによって導き出された純資産額を会社の価値として評価する方法である。貸借対照表に表れていない資産価値の再評価を行うため，ノウハウ・ブランド等の無形資産を加えて評価することもできるが，無形資産の時価評価は難しく，貸借対照表に表れている資産を時価評価で引き直すだけの場合も多い。

③　相続税法上の純資産価額法

　相続税法財産評価基本通達において，小規模な会社や，中規模会社の支配目的株主については，純資産価額法が用いられ，この場合，課税時期における資産と負債を，財産評価基本通達に基づいて評価することで純資産額を導き出す。

5　法務上の留意点

　以上のとおり，株式の評価方法には様々な評価方法があり，それぞれの評価方法によって導き出される株式価格には大きな差異がある。例えば，ある会社の株式が，配当還元法では1株100円と評価される一方で，時価純資産法では，その100倍の1株10000円と評価される場合も十分ありうるのである。

　株式を売却しようとする者は，株式価値が高く評価される評価方法を選択し，株式を購入しようとする者は，株式価値が低く評価される評価方法を選択する。当事者が自己に有利になるように評価方法を選択することは自由であり，交渉の結果，当事者間で株式譲渡価格について合意することができれば，原則としてその株式譲渡は有効である。

　しかし，当事者の一方が，株式評価の根拠や非公開情報を十分に開示しないまま，株式譲渡契約を締結した場合，後になって，当該譲渡契約について錯誤取消（民法95条），詐欺取消（同法96条）といった主張がなされ，紛争となるケースが見受けられる。自己に有利になるからといって，会社の価値を適切に反映することができない評価方法を使って株式価格を算定することは，不必要な法的リスクを発生させる場合があるため，十分な注意が必要である。

第1章……総論

第2章

第3章

第 *2* 章

各　論

第1 親族内承継

設例1 ｜ 事業承継税制

> **・Case・**
>
> 　私は，製造業を営んでいますが，そろそろ，後継者である長男に会社の株式を全て譲りたいと考えています。この際，顧問税理士から，事業承継税制を活用すると，相続税や贈与税が安くなると聞きました。
>
> 　事業承継税制とは，具体的にどのような制度なのでしょうか？　また，当社のような小規模な会社でも，事業承継税制を利用した方がよいのでしょうか？

POINT

　事業承継税制を利用すると，事業承継に伴う贈与税・相続税が猶予され，一定の事由に該当する場合は納税が免除される。しかし，納税を猶予してもらうための要件は細かく定められており，これらの要件を満たさなくなった場合，猶予が取り消され，もともとの贈与税・相続税の額に加えて利子税も支払わなければならないというリスクがあるため，事業承継税制の利用の有無は，弁護士・税理士等の専門家を交えて慎重に検討しなければならない。一般に，小規模な会社で株式の価値がそれほど高くない場合は，必ずしも事業承継税制を利用する必要はない。

■ **解　説** ■

1　事業承継税制の概略

(1)　概　略

　事業承継税制（以下では，法人版事業承継税制を念頭に置いて解説する。）とは，大要，事業承継において一定の要件を満たした場合に，非上場株式の贈与・

相続に伴う贈与税・相続税の納付をいったん猶予した上，その後，猶予を取り消す事情が発生することなく，後継者が亡くなった場合（あるいはさらに次世代の後継者に納税猶予の要件を満たす贈与を行った場合）に猶予税額が免除される制度をいう。

　中小企業のオーナーが事業承継のために後継者に会社の株式（非上場株式）を贈与した場合，あるいはオーナーが死亡し，その後継者が会社の株式を相続した場合，本来であれば株式の贈与・相続について贈与税・相続税が課税されることになるが，特に株式の評価額が高額である場合には多額の納税が必要となる。ところが，後継者は必ずしも十分な納税資金を有しているとは限らず，そのような場合には事業の円滑な承継が困難となるため，事業承継税制が創設された。

　事業承継税制は，贈与税の納税猶予と相続税の納税猶予の二つに分かれ，株式の生前贈与において贈与税の納税猶予を利用した場合，贈与者である先代経営者の死亡により贈与税が免除される（租税特別措置法70条の7の5第11項）。そして，生前贈与を受けた非上場株式等は，相続又は遺贈により取得したものとみなされ，相続人において相続税の課税を受けることになる（同法70条の7の7第3項）。しかし，この相続税についても一定の要件を満たした場合には，非上場株式の課税価格に対応する相続税について納税猶予を受けることができる（同法70条の7の8）。

　つまり，株式の生前贈与についての贈与税納税猶予と，株式相続についての相続税納税猶予を組み合わせることで，実質的に納税負担なく，先代経営者から後継者に事業を承継することができるのである。

(2) 特例措置と一般措置

　事業承継税制は，全般的に中小企業経営者が高齢化し，それにもかかわらず事業承継の準備が調っていないケースが多数に上るため，このままでは中小企業の廃業により地域経済に深刻な打撃を与えるおそれがあるという，「事業承継待ったなし」の状況を背景に，経済産業省・中小企業庁を中心とする施策に基づき，平成30年度税制改正によって大幅に拡充された。

　平成30年度改正によって設けられた事業承継税制の「特例措置」（租税特別措置法70条の7の5〜70条の7の8）においては，①平成30年4月1日から

特例措置と一般措置の比較

	特例措置	一般措置
事前の計画策定等	5年以内の特例承継計画の提出 （平成30年4月1日から 令和5年3月31日まで）	不要
適用期限	10年以内の贈与・相続等 （平成30年1月1日から 令和9年12月31日まで）	なし
対象株数	全株式	総株式数の最大3分の2まで
納税猶予割合	100％	贈与：100％　相続：80％
承継パターン	複数の株主から最大3人の後継者	複数の株主から1人の後継者
雇用確保要件	弾力化	承継後5年間 平均8割の雇用維持が必要
事業の継続が困難な事由が生じた場合の免除	あり	なし
相続時精算課税の適用	60歳以上の者から20歳以上の者への贈与	60歳以上の者から20歳以上の推定相続人（直系卑属）・孫への贈与

出典：国税庁ホームページ「非上場株式等についての贈与税・相続税の納税猶予・免除（法人版事業承継税制）のあらまし（令和元年5月）」〈https://www.nta.go.jp/publication/pamph/sozoku-zoyo/201905/01.pdf〉（2019年10月25日確認）を加工して作成

令和5年3月31日までの5年の間に特例承継計画を提出することが必要であり，②特例措置の適用期限は平成30年1月1日から令和9年12月31日までという制限があるものの，納税猶予の対象は全株式であり，納税猶予割合も贈与税・相続税ともに100％である。

　これに対して，平成30年度改正より前から存在する「一般措置」（租税特別措置法70条の7〜70条の7の4ほか）においては，①事前の計画策定が不要であり，②納税猶予の適用について期限がないという点で自由度が高いものの，納税猶予の対象株式は総株式数の3分の2まで，納税猶予割合は贈与税が100％ではあるが，相続税については80％までという制限がある。

2　事業承継税制のメリット・デメリット

　事業承継税制の利用にはメリットとデメリットがあり，事業承継税制を利

用するか否かを判断する際には，それらを十分に比較衡量する必要がある。

(1) メリット

　まず，株式の贈与税・相続税の納税猶予により，事業承継の際に発生する贈与税・相続税の負担が大幅に軽減されるというメリットがある。

　また，非上場株式は，相続後に第三者に売却して換金するということが難しく，相続税が課されると納税資金の準備ができない場合があるが，相続税の納税猶予を受けることで納税資金の心配をしなくてよいというメリットもある。

(2) デメリット

　事業承継税制における納税猶予は，あくまで「猶予」であり，「免除」ではない。猶予期間中に，後述する納税猶予のための要件を満たさなくなると，その時点で猶予期限が確定してしまい，それまで猶予されていた贈与税・相続税及びそれに付随する利子税を支払わなければならなくなるというデメリットがある。後継者としては，納税猶予の要件を満たし続けることで最終的には猶予税額の免除は受けられるものの，さらに次世代の後継者を確保できるとは限らず，株式を第三者に譲渡せざるを得なくなった場合や廃業せざるを得なくなった場合には，その時点で猶予されていた税額を納付するとともに，利子税を支払う必要が生じることになる。

3　納税猶予の要件の概要

　納税猶予のための要件は，関係租税法令によって細かく定められているが，その概要は，以下のとおりである。実際に事業承継税制の適用を考える場合には，これらの要件を充足するよう，弁護士・税理士等の専門家を交えて検討すべきである。

(1) 一般措置の場合

ア　贈与した時点・相続が開始した時点

①　承継会社の要件

- 中小企業経営円滑化法に定める中小企業者であること
- 非上場会社であること
- 性風俗営業会社でないこと

- 休眠会社（主たる事業収入がゼロ，従業員数がゼロ）ではないこと
- 資産保有型会社等（事業実態があるものを除く）でないこと

② **先代経営者の要件**

- 贈与等の日前にいずれかの日において承継会社の代表権（制限が加えられた代表権を除く）を有していたこと
- 同族で議決権の過半数を有し，同族内で筆頭であったこと（贈与等の直前においては，後継者を除く）
- 贈与時点で承継会社の代表権を有していないこと（贈与税の納税猶予のみ）

③ **後継者の要件**

- 同族で議決権数の過半数を有し，同族内で筆頭になること
- 会社の代表権を有していること（贈与税は贈与時点，相続は相続後5か月以内）
- 承継会社の役員を3年以上継続していること（贈与税の納税猶予）
- 相続開始の直前において承継会社の役員であること（相続税の納税猶予）

④ **担保提供要件**

- 担保提供すること（対象株式全てを担保として提供することができる）

イ　贈与した後，相続が開始した後

① **経営承継期間中（5年間）の納税猶予継続要件**

- 雇用の8割を維持すること（ただし5年間の平均で判断する）
- 後継者は承継会社の代表者でいること
- 対象株式を継続して保有すること
- 承継会社要件を満たしていること（中小企業者要件を除く）
- 年次報告を都道府県知事へ毎年提出すること
- 継続届出書を税務署へ毎年提出すること

② **経営承継期間経過後の納税猶予継続要件**

- 対象株式を継続して保有すること
- 承継会社要件を満たしていること（中小企業要件，非上場企業要件，非性風俗経営会社要件を除く）

- 継続届出書を税務署へ３年ごとに提出すること

(2) 特例措置の場合

ア　贈与した時点・相続が開始した時点

① 承継会社の要件

- (1)の一般措置と同様

② 先代経営者の要件

- 特例承継計画に記載された先代経営者であること
- 上記以外は，(1)の一般措置の要件と同様

③ 後継者の要件

- 特例承継計画に記載された後継者であること
- 同族で議決権数の過半数を有し，同族内で筆頭になること
  ただし，後継者が２人又は３人の場合には，贈与等の後において，各後継者が議決権割合の10％以上を有し，かつ同族内で議決権保有割合上位２名（後継者２人の場合）又は３位（後継者３人の場合）までの者でなければならない。
- 上記以外は，(1)の一般措置の要件と同様

④ 担保提供要件

- (1)の一般措置と同様

イ　贈与した後，相続が開始した後

① 特例経営承継期間中（５年間）の納税猶予継続要件

- 雇用の８割を維持すること（ただし５年間の平均で判断する）
  なお，雇用の８割を維持することができない場合でも，一定の書類を都道府県知事へ提出すれば納税猶予を継続できる。
- 上記以外は，(1)の一般措置の要件と同様

② 経営承継期間経過後の納税猶予継続要件

- (1)の一般措置と同様

4　納税猶予後の納税免除の主な事由

(1) 一般措置の場合

- 後継者の死亡

- 先代経営者の死亡（贈与税納税猶予が免除され，相続又は遺贈により所得したものとされる）
- 贈与税納税猶予の適用（相続税納税猶予を利用し，経営承継期間が経過後の場合）
- 経営承継期間経過後の特別清算

(2) 特例措置の場合

- 特例経営承継期間経過後の株式譲渡等（経営環境の変化を示す一定要件を満たす場合，一定額が免除される。）
- 上記以外は，(1)の一般措置と同様

租税弁護士の視点

　事業承継税制は，事業承継に伴う贈与税・相続税を猶予し，一定の事由に該当する場合は納税が免除される制度なので，事業承継における納税負担を大幅に軽減する制度です。

　しかし，贈与や相続の対象となる株式の価値が一定程度を超える場合（例えば，相続税評価額×発行済株式が1億円を超えるような場合）では，事業承継税制の利用によるメリットが生じやすいのですが，株式の価値がそれほど高くない場合は，事業承継税制の利用を慎重に判断する必要があります。なぜなら，生前贈与に係る贈与税を払っても，それほどの税負担が生じない場合もあり，そのようなケースでは，わざわざ猶予取消しのリスクを冒してまで，事業承継税制を利用する必要はないからです。事業承継税制を利用するか否かを判断する際には，まず専門家による株式の相続税評価額算定を行い，納税猶予の要件を満たさなくなるリスクを十分に考慮する必要があります。

設例2 ｜ 事業承継と遺留分に関する民法の特例

─── **Case** ───

　Aは，甲株式会社の代表取締役で，同社の株式を100％保有しています。Aの妻は既に死亡しており，Aの法定相続人は長男Bと長女Cのみです。Aは，Bを甲社の後継者にしようと考えており，同社株式100％をBに承継したいと考えています。現時点では，同社株式100％の時価は約3億円ですが，甲社の業績が良いため，10年後には2倍の約6億円にまで増える可能性があります。このような場合に，Aが，Bが甲社株式を承継する際の納税負担とCの遺留分について配慮しつつ，甲社株式を適切にBに承継するためには，どうすればよいでしょうか？

POINT

　事業承継において，当該会社の株式をいかに後継者に承継するかは重要な問題である。特に後継者以外の法定相続人がいる場合は，その相続人の遺留分についても配慮しなければならない。後継者に株式を生前贈与した後，後継者の経営努力によって株式評価額が上昇したような場合でも，民法の原則では，遺留分の計算は相続時の株価を基準として行われることから，事業承継後の株価上昇分まで遺留分に含まれるため，後継者の経営意欲を削ぐことになりかねない。また，他の相続人の遺留分に配慮するあまり，後継者に経営意欲を削ぐような過大な経済的負担を課すと，事業承継そのものが頓挫するおそれもある。

　そこで，民法の特例である，株式の除外合意・固定合意という制度を活用することが考えられる。これらの制度は「中小企業における経営の承継の円滑化に関する法律」に基づき，後継者とその他の推定相続人が，①生前贈与された株式の価額を遺留分算定基礎財産に算入しない旨の合意（除外合意）をすることや，②生前贈与された株式の価額の評価基準時を，相続開始時ではなく，その時点で固定する旨の合意（固定合意）

をすることにより，後継者による円滑な事業承継を促進するものである。

　ただし，後継者が，後継者以外の推定相続人と除外合意・固定合意を
するためには，推定相続人間の衡平を図るための措置が必要となること
が多く，例えば株式以外の財産の贈与・役員報酬・退職金・生命保険の
活用等の選択肢を幅広く検討しなければならない。

■　解　説　■

1　遺留分の基礎知識

(1)　遺留分の意義

　遺留分とは，相続財産のうち，相続人が必要最低限取得することが留保さ
れている一定の割合のことをいう（2019年7月1日以降に発生した相続については
現行民法1042条が適用され，2019年6月30日以前に発生した相続については改正前民
法1028条が適用される。以下，条数は現行民法によるものとする。）。

　被相続人は，自らの全財産を生前贈与や遺言によって自由に処分すること
ができる。しかし，これを際限なく認めてしまうと，被相続人の死後，相続
人の生活が脅かされる可能性がある。例えば，被相続人が，配偶者，子など
の法定相続人以外の第三者に全ての財産を与えるという遺言を書いていた場
合，遺留分制度が存在しなければ，被相続人の死亡後は，配偶者や子が全く
財産の無い状態で生活しなければならなくなるおそれがある。

　そこで，民法は，被相続人の財産処分の自由と，相続人が相続財産を承継
する必要性との間で調和を図るため，兄弟姉妹以外の法定相続人に遺留分を
認めている。

(2)　遺留分権利者

　遺留分を有する者は，兄弟姉妹以外の法定相続人である（民法1042条1項
柱書）。

① 　配偶者及び直系卑属が法定相続人の場合（民法887条，890条），これらの
　法定相続人全員が遺留分権利者となる。

② 　直系卑属がいないときは，配偶者と直系尊属が法定相続人となり（民法

889条1項1号，890条），これらの法定相続人全員が遺留分権利者となる。

③　直系卑属も直系尊属もいないときは，配偶者と兄弟姉妹が法定相続人となるが（民法889条1項2号，890条），兄弟姉妹は遺留分権利者となれないため，配偶者のみが遺留分権利者となる。

(3)　遺留分割合

遺留分の割合は，2種類の規定が民法上定められている。

ア　直系尊属のみが相続人である場合

この場合は，被相続人の財産の3分の1が遺留分の割合になる（民法1042条1項1号）。例えば，被相続人の財産が9000万円の現金のみで，法定相続人が被相続人の直系尊属である両親しかいない場合，直系尊属の遺留分割合は被相続人の財産の3分の1である。その結果，「両親」の遺留分総額は3000万円となり，父と母がそれぞれ1500万円ずつの遺留分を有することになる。

イ　上記ア以外の場合

上記ア以外の場合は，被相続人の財産の2分の1が遺留分の割合になる（民法1042条1項2号）。例えば，被相続人の財産が9000万円で，法定相続人が配偶者，子供1人の場合，遺留分の割合は全体として4500万円になる。そして，各相続分の割合が個別の遺留分の額になるから，配偶者が2250万円，子供は2250万円の遺留分を有することになる。

(4)　遺留分算定基礎財産

ア　総　論

遺留分を算定するにあたって基礎となる財産は，以下の方法で算定される（民法1043条1項）。

相続開始時の被相続人の財産の価額　＋　生前贈与した財産の価額　－　債務

以下，遺留分の算定の基礎となる，生前贈与財産について解説する。

イ　生前贈与した財産の価額

①　相続開始前の1年間において贈与された場合

まず，相続開始前の1年間において贈与されたものはいずれも遺留分算定基礎財産に算入される（民法1044条1項前段）。なお，この贈与とは，

遺留分権利者保護の観点から民法上の贈与契約に限られず，広く無償で経済的利益を供与した場合を含む。本条の「贈与された」とは，相続開始前の1年間に贈与契約が締結された場合をいうため，1年以上前に贈与契約が締結され，相続開始前1年の間に贈与の履行がなされたにすぎない場合には，遺留分算定基礎財産に算入されない。

② 当事者双方が遺留分権利者に損害を与えることを知って贈与した場合

　当事者双方が遺留分権利者に損害を与えることを知って贈与した場合，相続開始前の1年前の日より前にした贈与も，遺留分算定基礎財産に算入される（民法1044条1項後段）。

　「損害を加えることを知って」とは，法律の知不知を問わず，客観的に遺留分権利者に損害を加えるべき事実を知ることをいい，単に損害を加えるという認識で足りる（大判昭和9年9月15日大民集13巻1792頁）。

③ 法定相続人に対する贈与

　上記①にかかわらず，婚姻若しくは養子縁組のため若しくは生計の資本として法定相続人に対してなされる贈与（特別受益贈与）については，相続開始前10年間にわたり遡って遺留分算定基礎財産に算入される（民法1044条3項）。このことから，事業承継のために株式を生前贈与する場合，当該株式については少なくとも10年間は遺留分侵害額請求（遺留分減殺請求）の対象となり得るため，遺留分対策が必要となる。

2　遺留分の事前放棄による対策とその限界

　民法上の制度として，会社の後継者以外の者が遺留分の事前放棄を行うことによって，遺留分に係る紛争を未然に防止することが可能である（民法1049条）。しかし，遺留分の事前放棄には以下のような限界がある。

(1) 後継者以外の者の手続負担

　遺留分の事前放棄は，遺留分を放棄しようとする者が自ら個別に家庭裁判所に申立てをして，許可を受ける必要がある。しかし，後継者以外の者にとってはほとんどメリットがないにもかかわらず，裁判所での複雑な手続をしなければならなくなってしまうため，手続的な負担が重い。

(2) 遺留分算定基礎財産に算入すべき価額の固定化ができない

　遺留分の事前放棄では，遺産全てに対する遺留分を放棄するか，遺留分の一部を放棄するとしても特定の財産の全部を放棄するという選択肢しかない。仮に推定相続人全員の合意があったとしても，特定の財産について遺留分算定基礎財産に算入すべき価額を固定するといった柔軟な対応はできないという点で，制度として不便である。

3　中小企業における経営の承継の円滑化に関する法律（遺留分に関する民法の特例）

(1) 意　義

　「中小企業における経営の承継の円滑化に関する法律」（以下「円滑化法」という。）では，遺留分の事前放棄における上記制約を解決し，事業承継の円滑化を図るため，遺留分に関する民法の特例として，後継者が旧代表者からの贈与等により取得した株式について，下記の二つの特例制度が設けられている。

① 　旧代表者から取得した株式の価額を遺留分算定基礎財産に算入しないこと（「除外合意」，円滑化法４条１項１号）

② 　遺留分算定基礎財産に算入すべき株式の価額を事前に固定すること（「固定合意」，円滑化法４条１項２号）

　前述のとおり，遺留分とは相続人の生活を保護するための権利である。しかし，被相続人からすれば，遺留分の存在により，生前の自由な財産処分について一定の制限があるといえる。例えば，被相続人の立場から見れば，自己が経営する会社の株式を後継者に承継しようとするとき，遺留分がその足かせになる場合がある。

　上記事例でいえば，被相続人Ａが自己の経営する甲社株式100％を長男Ｂに全て生前贈与した場合，被相続人Ａの相続において，その株式の相続税開始時の価額が遺留分算定基礎財産に算入される。そのため，他に相続財産がない場合，長女Ｃは甲社株式の４分の１（25％）について遺留分侵害額請求を行うことができることになり，Ａが想定した事業承継が阻害される結果となり得る。

そこで，円滑化法は，後継者とその他の推定相続人の合意の上で，①民法上では遺留分算定基礎財産に算入すべき生前贈与財産の価額を，遺留分算定基礎財産に算入しないとすることや，②遺留分算定基礎財産に算入される生前贈与財産の価額の評価基準時について，民法上では相続開始時であるところを，後継者と推定相続人の合意時に固定することができることを規定している。

(2) 円滑化法の遺留分特例の内容

ア　定　義

(ア)　特例中小企業者

３年以上継続して事業を行っている中小企業者であって，一般に上場会社といわれる会社は除かれ（円滑化法３条１項，同施行規則２条），業種ごとに様々な基準の下で，中小企業者に当たるか否かが分類される（円滑化法２条，同施行令１条参照）。

(イ)　旧代表者

特例中小企業者の代表者であった者（代表者である者も含む）であって，他の者に対して当該特例中小企業者の株式等の贈与をしたものをいう（円滑化法３条２項）。なお，株式等とは，株式会社の株式又は持分会社の持分をいう。

(ウ)　後継者

旧代表者から当該特例中小企業者の株式等の贈与を受けた者（以下，「特定受贈者」という。）又は当該特定受贈者から当該株式等を相続，遺贈若しくは贈与により取得した者であって，当該特例中小企業者議決権の過半数を有し，かつ，当該特例中小企業者の代表者であるものをいう（円滑化法３条３項）。

(エ)　推定相続人

相続が開始した場合に相続人となるべき者のうち，被相続人の兄弟姉妹及びその子（代襲者）以外のものをいう（円滑化法３条４項）。すなわち，円滑化法では，被相続人の兄弟姉妹とその兄弟姉妹の子らは推定相続人に含まれないということになる。なぜなら，そもそも兄弟姉妹及びその代襲者は遺留分を有しないため，円滑化法の遺留分特例では，推定相続

人の中に含める必要がないからである。

イ　除外合意

　後継者が旧代表者からの贈与又は当該特定受贈者からの相続，遺贈若しくは贈与により取得した当該特例中小企業者の株式等の全部又は一部について，その価額を遺留分算定のための財産価額に算入しないことができる（円滑化法 4 条 1 項 1 号）。遺留分算定基礎財産に算入しないため，これを除外合意という。

　除外合意がある場合，遺留分算定基礎財産を算出するに際して，本来であれば算入されるはずであった，相続発生から 1 年前の間になされた贈与や，特別受益によって受けた財産などが，旧代表者の推定相続人及び後継者は，その全員の合意をもって，書面により算入しないとすることができる。また，遺留分侵害額請求（遺留分減殺請求）の対象にもならなくなる（円滑化法 9 条 1 項）。

　上記事例でいえば，旧代表者Ａが甲社株式 100％を後継者Ｂに贈与したときに，推定相続人であるＣが当該株式について除外合意をすると，被相続人Ａの相続に際して，ＡのＢに対する甲社株式の贈与を，遺留分算定基礎財産に算入しないことができる。

ウ　固定合意

　株式等の全部又は一部について，遺留分を算定するための財産の価額に算入すべき価額を当該合意の時における価額とすることができる（円滑化法 4 条 1 項 2 号）。合意後に株式の価額が変動したとしても，当該合意の時における価額に固定することができるため，これを固定合意という。

　株式や不動産などは保有によって価値が変動する。贈与した時から相続開始時までに価値が上昇したとすると，相続時の遺留分算定基礎財産には上昇値分も含まれることになる。株式を後継者に贈与した場合，後継者の経営手腕によって株式の価値が上昇する可能性があるにもかかわらず，株価上昇分も遺留分算定基礎財産に算入されてしまうと，後継者の企業価値向上に向けた意欲を削いでしまう可能性がある。

　このような後継者による企業価値向上が見込まれる場合，固定合意が解決の一手段となりうる。旧代表者の推定相続人と後継者の全員が固定合意

をすると，後継者の努力による株価上昇分は，後継者が取得することができるからである。もっとも，固定合意の後に株式等の価値が下落した場合も，当然遺留分算定基礎財産に算入される価額は合意時の価額となることから，後継者にとっては固定合意がマイナスとなる可能性もあり，注意が必要である。

　上記事例でいえば，甲社株式が3億円の価値を有する時点で固定合意を締結できれば，その後に甲社株式が6億円に上昇したとしても，上昇分3億円は後継者Bが取得することができるのである。

エ　附随合意

　旧代表者の推定相続人及び後継者は，除外合意や固定合意の際に，附随する形で以下の合意をすることができる。

① 後継者が旧代表者からの贈与又は当該特定受贈者からの相続，遺贈若しくは贈与により取得した財産（当該特例中小企業者の株式等を除く。）の全部又は一部について，その価額を遺留分を算定するための財産の価額に算入しない旨の定めをすること（円滑化法5条）

② 後継者以外の推定相続人が旧代表者からの贈与又は当該特定受贈者からの相続，遺贈若しくは贈与により取得した財産の全部又は一部について，その価額を遺留分を算定するための財産の価額に算入しない旨の定めをすること（円滑化法6条2項）

オ　合意の消滅事由

　除外合意や固定合意は，以下の事由が生じたときは，その効力を失う（円滑化法10条）。

① 経済産業大臣の確認が取り消されたこと

② 旧代表者の生存中に後継者が死亡し，又は後見開始若しくは保佐開始の審判を受けたこと

③ 当該合意の当事者（旧代表者の推定相続人でない後継者を除く）以外の者が新たに旧代表者の推定相続人となったこと

④ 当該合意の当事者の代襲者が旧代表者の養子となったこと

　　これは，代襲相続人が旧代表者の養子となると，その代襲相続人は，代襲相続人としての相続資格と養子としての相続資格の二重資格を有す

ることになり，養子としての相続資格に基づく同意がない以上，以前になされた合意の効力を失わせるものである。

カ　その他

(ア)　後継者以外の推定相続人がとることのできる手段

　この円滑化法は，相続時の遺留分にかかわらず事業経営を円滑に後継者に移転し，継続する目的で施行されたものである。しかし，この円滑化法の適用を受けたとしても目的を達成することができない場合が生じる。例えば，後継者が除外合意や固定合意の対象とした株式等を処分してしまうと，合意をした意味がなくなってしまう。

　そこで，円滑化法は，合意に際して，このような場合にとることができる手段を定めなければならないとした（円滑化法4条3項）。例えば，一定の事由が生じた場合は，合意解除をすることができるといった定めを置く等である。

(イ)　推定相続人間の衡平を図るための手段

　除外合意や固定合意は，遺留分を一定程度制限するものであり，後継者が一方的に利益を得る形になっている。これでは，推定相続人が全員同意をすることがそもそもケースとして限られてしまうことになり，制度の実益を失ってしまう。

　そこで，同法は，推定相続人と当該後継者との間の衡平及び当該推定相続人間の衡平を図るための措置に関する定めをすることを想定しており，その場合においては，当該定めは，書面によってしなければならないとしている（円滑化法6条1項）。法自体は任意規定ではあるものの，後に家庭裁判所から許可を受けるときに，推定相続人に配慮がなされているかどうかは影響を及ぼすため，作成することが望ましい。合意内容としては，後継者が推定相続人に金銭等を支払う，後継者が旧代表者に対して生活費を援助することなどが考えられる。その具体的な定めについては，後記4を参照されたい。

(3)　手　続

　円滑化法に基づく合意の効力を生じさせるためには，①経済産業大臣の確認（円滑化法7条），②家庭裁判所の許可（同法8条）が必要となる。

① **経済産業大臣の確認**（円滑化法7条）

　確認申請人（後継者）は，下記の事項について経済産業大臣の確認を受ける必要がある。

- 当該合意が特例中小企業者の経営の承継の円滑化を図るためにされたものであること
- 申請者が合意日において後継者であったこと
- 合意日において，後継者が所有する特例中小企業社の株式等のうち当該合意の対象とした株式等を除いたものに係る議決権の数が総株主等の議決権の100分の50以下であること
- 円滑化法4条3項の規定による合意をしていること

② **家庭裁判所の許可**（円滑化法8条）

　上記①の経済産業大臣の確認を受けた者は，その確認を受けた日から1月以内に家庭裁判所の許可申立てをすることができる（円滑化法8条1項）。

　家庭裁判所の許可を得るためには，合意が当事者全員の真意に出たものであることの心証を裁判所が得なければならない（円滑化法8条2項）。真意性について，どのような要素を考慮すべきか解釈に委ねられているが，遺留分の事前放棄（民法1049条（改正前民法1043条））を参考にすれば，申立人の真意性，放棄理由の合理性，代償の有無という基準がある。

　家庭裁判所の許可があった場合には，民法1043条1項（改正前民法1029条1項）の規定にかかわらず，一定の株式等並びに財産の価額を，遺留分を算定するための計算の基礎となる財産の価額に算入しないものとする（円滑化法9条1項）。

4　旧代表者の推定相続人間の衡平を図るための措置に関する定め

　前述のとおり，除外合意・固定合意について後継者以外の推定相続人から同意を得るためには，何らかの見返りが必要となることも多く，その場合，推定相続人間の衡平を図るための措置について，その具体的内容を書面で合意することが考えられる。

(1)　円滑化法6条1項

　円滑化法6条1項は，「旧代表者の推定相続人及び後継者が，第4条第1

項の規定による合意をする際に，併せて，その全員の合意をもって，当該推定相続人と当該後継者との間の衡平及び当該推定相続人間の衡平を図るための措置に関する定めをする場合においては，当該定めは，書面によってしなければならない。」と規定する。

　推定相続人と後継者との間の衡平，推定相続人間の衡平を図る措置を講じる場合には，当事者間の合意の全体を明らかにすることが望ましいため，推定相続人間の衡平を図るための措置は書面によるべき旨が規定されている。

条項例

「後継者Bは，非後継者Cに対し，金○○○万円を支払う。」
「後継者Bは，旧代表者Aに対し，生活費として，毎月○○万円を支払う。」
「後継者Bは，旧代表者Aに疾病が生じたときは，医療費その他の金銭
　を負担する。」

(2) 円滑化法6条2項

　円滑化法6条2項は，「旧代表者の推定相続人及び後継者は，前項の規定による合意として，後継者以外の推定相続人が当該旧代表者からの贈与又は当該特定受贈者からの相続，遺贈若しくは贈与により取得した財産の全部又は一部について，その価額を遺留分を算定するための財産の価額に算入しない旨の定めをすることができる。」と規定する。

　円滑化法6条2項は，同条1項の推定相続人と後継者との間の衡平，推定相続人間の衡平を図るための措置に関する定めの一つとして，非後継者が旧代表者からの贈与等により取得した財産についても，遺留分算定基礎財産に算入しないこととすることができる旨を規定している。なお，本項の規定による合意の対象とすることができる財産の種類や額には制限はない。

(3) 推定相続人間の衡平を図るための措置・具体例

　非後継者の推定相続人を説得するため，下記のような対策も検討することができる。

①　役員報酬

　旧代表者の推定相続人間の衡平を図るための措置として，後継者以外の推定相続人を会社の役員に就任させ，一定の期間は役員報酬を与えるということも可能である。この場合，事業承継を円滑に進めるという趣旨から，一定期間経過後は，非後継者である推定相続人は役員を退任することも合意しておくべきである。

　なお，会社の経営に支障が出るようなキャッシュの流出は，後継者にとって過大な経営上の負担となるため，無理のない計画となるように配慮する必要がある。

②　退職金

　上記①に連動して，後継者以外の推定相続人が役員を退任した際に，役員退職金を支払うという対策も考えられる。役員報酬と合わせ，事業承継対象の会社から後継者以外の推定相続人にキャッシュが渡るため，①と同様に無理のない計画となるように配慮する必要がある。

③　生命保険金の活用

　上記②の退職金を準備するため，会社として，例えば役員を被保険者とする養老保険等を契約しておき，満期保険金を，役員が退任した際の退職金として活用する対策も考えられる。また，旧代表者から，後継者以外の推定相続人に贈与を行い，その贈与金額を養老保険の保険料に充てることで，非後継者である推定相続人が将来的に保険金額を受け取るということも可能である。

5　遺留分に関する合意書

　遺留分の算定に係る合意書については，事前に事業計画やタックスプランニングを十分に行った上で，その内容に沿った合意書を作る必要がある。推定相続人各々にとっては，額面だけではなく手取り金額も重要となることから，税引き後にどの程度の金額が受け取れるのかという点について，所得増加による社会保険料の増加等も含めて十分検討した上で，合意書を作成することが重要である。

文例 遺留分の算定に係る合意書

<hr>

合　意　書

　甲社の旧代表者であるAの相続について，遺留分を有する推定相続人であるB，C，D（以下，「本件推定相続人ら」という。）は，中小企業における経営の承継の円滑化に関する法律（以下「法」という。）に基づき，以下のとおり合意した。

（目的）

第1条　本件合意は，BがAからの贈与により取得した甲社の株式につき遺留分の算定に係る合意等をすることにより，甲社の経営の承継の円滑化を図ることを目的とする。

（確認）

第2条　B，C及びDは，次の各事項を相互に確認する。

①　Aが甲社の代表取締役であったこと。

②　B，C及びDがいずれもAの推定相続人であり，かつ，これらの者以外にAの推定相続人が存在しないこと。

③　Bが，現在，甲社の総株主（ただし，株主総会において決議をすることができる事項の全部につき議決権を行使することができない株主を除く。）の議決権100個の過半数である100個を保有していること。

④　Bが，現在，甲社の代表取締役であること。

（除外合意，固定合意）

第3条　B，C及びDは，BがAからの○年○月○日付け贈与により取得した甲社の株式100株について，次のとおり合意する。

①　除外合意

　　上記100株うち50株について，Aを被相続人とする相続に際し，その相続開始時の価額を，遺留分を算定するための財産の価額に算入

しない。

②　固定合意

　　上記 100 株うち 50 株について，Aを被相続人とする相続に際し，遺留分を算定するための財産の価額に算入すべき価額を 5000 万円（1株あたり 100 万円。弁護士乙山次郎が相当な価額として証明をしたもの。）とする。

（後継者以外の推定相続人がとることができる措置）

第4条　Bが第3条の合意の対象とした株式を処分したときは，C及びDは，Bに対し，それぞれ，Bが処分した株式数に 100 万円を乗じて得た金額を請求できるものとする。

2　BがAの生存中に甲社の代表取締役を退任したときは，C及びDは，Bに対し，それぞれ 5000 万円を請求できるものとする。

3　前2項のいずれかに該当したときは，C及びDは，共同して，本件合意を解除することができる。

4　前項の規定により本件合意が解除されたときであっても，第1項又は第2項の金額の請求を妨げない。

（衡平を図るための措置）

第5条　B，C及びDは，Aの推定相続人間の衡平を図るための措置として，次の贈与の全部について，Aを被相続人とする相続に際し，その相続開始時の価額を遺留分を算定するための財産の価額に算入しないことを合意する。

①　CがAから○年○月○日付け贈与により取得した現金 1000 万円

②　DがAから○年○月○日付け贈与により取得した現金 1000 万円

（経済産業大臣の確認）

第6条　Bは，本件合意の成立後1か月以内に，法7条所定の経済産業大臣の確認の申請をするものとする。

2　C及びDは，前項の確認申請手続に必要な書類の収集，提出等，B

の同確認申請手続に協力するものとする。

（家庭裁判所の許可）

第7条　Bは，前条の経済産業大臣の確認を受けたときは，当該確認を
　　受けた日から1か月以内に，本合意書第3条ないし第6条の合意につ
　　き，管轄家庭裁判所に対し，法8条所定の許可審判の申立てをするも
　　のとする。

2　C及びDは，前項の許可審判申立手続に必要な書類の収集，提出等，
　　Bの同許可審判手続に協力するものとする。

以上の合意を証するため，本書を作成し，各推定相続人が署名捺印する。

令和○年○月○日

　　　　　　　　　　　　　　　　　本籍　〔略〕
　　　　　　　　　　　　　　　　　住所　〔略〕
　　　　　　　　　　　　　　　　　推定相続人　B　　　印

　　　　　　　　　　　　　　　　　本籍　〔略〕
　　　　　　　　　　　　　　　　　住所　〔略〕
　　　　　　　　　　　　　　　　　推定相続人　C　　　印

　　　　　　　　　　　　　　　　　本籍　〔略〕
　　　　　　　　　　　　　　　　　住所　〔略〕
　　　　　　　　　　　　　　　　　推定相続人　D　　　印

租税弁護士の視点

　円滑な事業承継を実現するに当たって，遺留分の制度は悩ましい問題であり，旧代表者である被相続人と後継者，後継者以外の推定相続人の関係をどのように交通整理するかが重要な課題となります。遺留分に関する民法の特例を活用することは一つの有効な手段であり，株式を承継する後継者から見れば，株式の除外合意・固定合意をすることで，遺留分に関する相続人間の紛争を未然に防ぐことができます。しかし，後継者以外の推定相続人にとっては，除外合意・固定合意をすることで，仮に会社の株式が将来値上がりしても，その株価上昇分を遺留分計算に算入することができなくなり，その値上がり分について経済的利益を享受できなくなります。そのため，それなりの経済的見返りがないと，除外合意・固定合意には応じることはないでしょう。

　旧代表者や後継者の個人資産が十分にある場合には，それを提供することが考えられますが，提供すべき個人資産が無い場合でも，推定相続人間の衡平を図る措置として，会社の現預金から役員報酬や退職金を支出することもあります。しかし，後継者としては，事業承継後の企業経営に支障を来すようなキャッシュの外部流出は防がねばなりません。

　そこで，会社として一定程度の損金処理が可能な保険契約を活用し，退職金の資金等を捻出することも選択肢として考えられます。また，保険契約の活用としては，旧代表者の個人資産から後継者以外の推定相続人に対して一定程度以上の金額（例えば1000万円程度）を贈与し，推定相続人が贈与された金員を保険料として，将来の保険金を確保するという方法も考えられます。

　このように，近年では，事業承継の納税資金や遺留分放棄の代償として，保険を活用するケースが増えてきていますので，事業承継に携わる者としては，保険の活用についても十分な関心を持つ必要があります。

| 設例3 | 事業承継と生命保険の活用 |

・ Case ・

　旅行代理店の会社を経営しているのですが，3人の子供のうち1人を後継者として，その後継者に株式を全部相続させたいと考えています。

　このプランを，知り合いに話したところ，事業承継対策として生命保険が活用できると教えてくれました。相続税の支払の準備や相続人間の争いを避けるために生命保険を活用できると聞いているのですが，具体的にはどのようなメリットがあるのでしょうか？

POINT

　生命保険契約は，被相続人を被保険者，相続人を受取人とすることで，相続開始時に相続人に現金が給付されることになるため，相続税の納税資金や相続人間の財産調整の原資とすることができる。また，自社を契約者として生命保険を契約した場合，副次的な効果として，自社株の相続税評価額を圧縮する効果もある。

　税務的には，死亡保険金・死亡退職金にはそれぞれ非課税枠（500万円×法定相続人の数）があるため，一定の範囲で相続税のかからない資産承継ができるというメリットもある。

　解　説

1　事業承継で生命保険が活用されるポイント

（1）生命保険によって相続税の納税資金を確保することができる

　オーナーが保有する株式の相続税評価額が高額な場合，その株式を相続人に相続させると多額の相続税が発生する。そのため，相続人が相続税を支払えるように納税資金を準備しておく必要がある。

　例えば，自社株のみを相続したような場合，相続税額が高額になる一方で，納税資金の原資となるような財産（現預金その他容易に換価できる財産）は全く

相続できないというケースが起こり得る。このようなケースで，相続人が納税資金を準備できなければ，被相続人であるオーナー社長が自社株を子供に引き継がせたいと思っていたとしても，結局は子供の代で会社を第三者に売却しなければならなくなってしまうということもあり得る。

　そこで，オーナー社長が生前に個人で生命保険に加入し，相続人が受取人として生命保険金を受け取れるようにしておくことで，相続税の納税資金を準備しておくということができる。また，死亡保険金の場合，相続税の非課税枠（500万円×法定相続人の数。相続税法12条1項5号）を利用できるため，現預金のまま相続させるよりも生命保険金を受け取らせた方が，非課税枠の分だけ相続税額を圧縮することができるという効果もある。

(2) 自社株の相続税評価への影響

　オーナー社長が保有する会社で，法人契約の生命保険に加入した場合，契約の仕方や保険種類によって異なるが，保険料の一部を損金計上できる場合がある。

　会社において保険料の一部を損金計上できるということは，自社株の評価を圧縮することにつながる。例えば，自社株の相続税評価額が，「類似業種比準価額方式」（評価する会社と事業内容が類似する事業を営んでいる公開会社の株価と比べて株価を算定する方式）で評価される場合，評価額は「配当金額」「利益金額」「純資産額」の三つの要素によって決定される。そして，生命保険料が会社の損金として計上されるということは，特に「純資産額」の要素において，自社株の評価額を圧縮する方向に働くのである。

　また，オーナー社長を被保険者として，会社が契約者・受取人として加入する生命保険の場合，オーナー社長が亡くなったときには，会社が受け取る死亡保険金を原資として，会社は遺族に対し死亡退職金や弔慰金を支払うことができる。これにより，遺族は相続税の納税資金を準備できるようになり，さらに事業承継を円滑に進めることができる。

　なお，遺族は，死亡退職金についても，死亡保険金と同様に，非課税枠（500万円×法定相続人の数。相続税法12条1項6号）を利用できるため，相続税額を圧縮できるという効果もある。

(3) 代償金を準備して相続人間の紛争を防止する

　同族企業の場合，オーナー社長の相続人の中から選ばれた後継者が，事業用不動産や自社株を引き継ぐことになる。しかし，事業用不動産や自社株の価額によっては，後継者に選ばれた相続人だけが多額の財産を引き継ぎ，それ以外の相続人の相続分が少なくなってしまうということも十分ありうる。

　通常このような場合は，後継者が自社株を相続し，他の兄弟に代償金等を渡すことで相続額を調整する。しかし，相続財産のほとんどが不動産や自社株など，現預金以外の資産の場合，代償分割はうまくいかず紛争につながりやすい。

　そこで，相続税の納税資金だけではなく，相続人間の代償金の準備として，生命保険を活用することもできる。

2　生命保険契約の注意点

　以上のように，生命保険で事業承継対策をすることにはメリットが多いが，生命保険は，年齢，健康上の問題，病歴等により加入を制限される場合がある。また，法人税における保険料の損金算入については，国税庁が随時通達を改正して課税ルールを見直しており，損金算入がなされるか否かについては，個別の契約内容・契約時期等について十分な注意が必要である。

租税弁護士の視点

　生命保険金は，受取人が直接取得できる財産であるため，納税資金の確保という観点のみならず，相続紛争における調整弁として活用することができるという点でも非常に有用です。税務的に見ても，死亡保険金・死亡退職金の非課税枠は有効活用すべきものです。事業承継の後継者が，他の相続人と紛争を起こさないようにするためには，しっかりと手元資金を準備する必要があるため，会社を引き継ぐ側は後継者のためにも生命保険を活用できるかどうか十分に検討する必要があるでしょう。

設例4 ｜ 相続人売渡請求と事業承継

• Case •

　私の父は，電子部品メーカーの甲社のオーナーで，代表取締役を務めていましたが，先月心不全により急逝してしまいました。そのため，相続により，父が保有していた甲社株式（議決権割合70%）を，父の一人息子である私が承継することになりました。父は，常々，私に甲社の経営を引き継がせたいと言っていたので，私もそのつもりでした。

　ところが，今月の初めに，甲社から株主総会の招集通知が届き，そこには，株主総会で私に対する株式売渡請求について決議をなす旨の記載がありました。私は意味が分からず，父とともに甲社を経営してきた副社長Aに説明を求めました。副社長Aは，「定款に，相続人に株式の売渡請求ができる規定があり，甲社があなたの株式を買い取ることになりました。なお，会社法により，あなたは，この売渡請求の決議について議決権を有しませんので，私が保有する30%の株式のみで本決議を行います。」と説明しました。このままでは，私の株式は甲社の自己株式となり，副社長Aが議決権の100%を有する株主となってしまいます。

　突然のことで混乱していますが，副社長Aが言っていることは本当に正しいのでしょうか？　また，私はどのような対策をとるべきなのでしょうか？

POINT

　相続人等に対する売渡請求（会社法174条）は，会社経営の安定化を図るため，相続等によって会社にとって好ましくない株主が現れることや多数の株主に株式が分散してしまう事態を防止するための制度である。この制度は，典型的には，多数株主が少数株主に対して請求権を行使することが想定されるが，実際には，少数株主が多数株主に対して請求権を行使することも明文では否定されていない。すなわち，相続人たる株

主が，株主総会の過半数の議決権を有するような多数株主の場合であっても，売渡請求を株主総会で決議する際，当該相続人はその決議について議決権を有しない（同法175条2項）。そのため，過半数に満たない少数株主が当該決議を行い，相続人たる多数株主が保有株式を強制的に売り渡さなければならなくなり，その結果として少数株主が会社の支配権を奪取するという事態が起こりうる。

　このような事態を招来しないためにも，オーナーは生前から，思いどおりの事業承継を行うための具体的な対策を講じておかなければならない。

■　解　　説　■

1　相続人等に対する売渡請求（会社法174条）

　相続人等に対する売渡請求は，事業承継に当たって，将来の相続による株式分散を防止するために導入される制度である。すなわち，会社が，定款で，譲渡制限株式を相続その他の一般承継により取得した者に対し売渡請求をすることができる旨を定めている場合，会社は株主総会における決議を経て，その相続人等から株式を強制的に取得することができる（会社法174条）。これにより，後継者以外の株主が死亡した際に，その保有する株式が相続によって分散するという事態の解決を図ることができる。

　ただし，会社が相続人等に対する売渡請求を行使することを株主総会において決議するに当たって，当該相続人等はその株主総会決議において議決権を行使することができない（会社法175条2項）。そのため，本件のように，定款に相続人等に対する売渡請求の規定がある場合，相続により株主総会の過半数の議決権を有する株式を承継した者であっても，売渡請求についての決議には参加できず，結果として過半数に到達しない少数株主が会社の支配権を握ってしまうというケースが起こりえる。つまり，非後継者ではなく，後継者が株式を相続した場合であっても，その時点の会社の役員と少数株主が結託することによって，支配株主を排除するということが可能となる。

　この点，事後の対策として，オーナーの相続人が特別決議を成立させ得る
だけの議決権を有する場合，相続開始後，会社からの株式の売渡請求がなさ
れる前に，相続人株主が臨時株主総会を迅速に開催し，相続人である株主の
主導で，相続人等売渡請求の規定を定款から削除するという方法がありうる。
もっとも，本件のように，少数株主側の方が事前に準備していたような場合
には，先に売渡請求を決議され，相続人側が株主でなくなってしまうおそれ
がある。

2　具体的な事前対策

　そこで，そのような事態を招来しないためにも，事前対策が重要となる。
オーナーが生前に行うべき，具体的な事前対策として，下記の(1)〜(5)が挙げ
られる。

(1)　後継者に株式を遺贈する方法

　オーナーが，会社の株式を後継者に遺贈する旨の遺言書を作成しておけば，
後継者は当該株式の一般承継人ではなく，特定承継人となるため，会社法
174条は適用されない。ただし，譲渡制限の付された株式の特定承継の場合
は，会社の承認手続（会社法137条）を経る必要がある。

(2)　オーナー以外の者の保有株式を議決権制限株式にしておく方法

　全ての普通株式を全部取得条項付種類株式（会社法171条）にして，完全無
議決権株式に転換し，オーナーには別の普通株式を発行することで，オー
ナーの株式のみを普通株式にする方法がある。この方法により，オーナーの
相続が開始した時点で，全ての株主が当該株主総会における議決権を行使で
きなくなる。その結果，オーナーの相続人も，株式売渡請求について決議す
る株主総会で，議決権行使が可能となるため（同法175条2項ただし書），株式
会社からの売渡請求を拒むことができる。

(3)　オーナー以外の株主の株式を取得条項付株式にしておく方法

　少数株主の同意を得られるのであれば，少数株主の所有する普通株式を，
オーナーの相続開始時に会社が所定の条件で取得することができるという取
得条項付株式（会社法2条19号）に転換しておくという方法がある。定款で
取得条項付株式について定めればよく，オーナー以外の株主が保有する株式

について，株式の分散を防ぐという目的も達成することができる。

(4) 後継者に拒否権付種類株式（会社法 108 条 1 項 8 号，いわゆる「黄金株」）を発行するという方法

オーナーが希望する後継者に対して，譲渡制限付拒否権付種類株式（いわゆる黄金株）を発行しておく方法がある（会社法 108 条 1 項 8 号）。当該相続人は，会社法 175 条 2 項本文により，相続人に対する売渡請求に関する株主総会の議決権を有しないが，種類株主総会の決議により，売渡請求決議を拒否することができることとなる。

(5) 持株会社方式

オーナーが自身の保有する事業会社の株式を現物出資して，持株会社を設立するという方法がある。この場合，オーナーが亡くなった際の相続では，持株会社の株式（あるいは出資持分）がオーナーから相続人に相続される。この場合，相続人は持株会社の株式の相続を通じて間接的に事業会社の支配権を承継するものであり，直接事業会社の株式を相続するものではない。したがって，会社法 174 条の相続人等に対する売渡請求は適用されず，少数株主による会社支配権の奪取というおそれはない。ただし，株式の現物出資については，譲渡益課税が発生する可能性があるため注意が必要である。

3　相続開始後の定款変更

以上のほか，相続人等に対する売渡請求が少数株主によって行使されることを避けるため，その請求権を事前に定款で定めておくのではなく，実際に少数株主に相続が発生した後に，定款変更によって定めるという方法も考えられる。すなわち，少数株主に相続が発生した場合に，その相続人が会社にとって好ましくない，あるいは株式が分散することが望ましくないと判断されるときには，速やかに臨時株主総会を招集し，定款変更によって相続人等に対する売渡請求権を追加的に定めた上で，その請求権を行使するという方法である。

なお，このようにしてなされた定款変更については，特定の株主を排除するものとしてその有効性を問題視する見解もあるが，明文上で定款変更の時期に制限があるわけではなく，少数株主の排除のための定款変更は会社経営

を安定化させるという規定の趣旨に反するものではないことから，一般的には有効であると解されている。

租税弁護士の視点

　　オーナーが亡くなる前後においては，会社内のパワーバランスが大きく変動します。そのため，オーナーが亡くなる直前に，オーナーがその危険性を理解せずに，相続人等の株式売渡請求の制度を導入してしまう，ということも起こりえます。そして，この制度が悪用されると，オーナーの望まない形で，少数派株主が会社の支配権を握ってしまうということにもなりかねません。相続人等の株式売渡請求の制度を導入する際には，この危険性について慎重に判断する必要がありますし，仮に導入する場合には，オーナー自身に不測の事態があったとしても，思いどおりの事業承継が遂行できるような事前対策が必要です。

設例5	持株会社を活用した事業承継

• Case •

事業会社を3社経営していますが，これらの全ての会社を，長男に引き継がせたいと考えています。持株会社を活用すると，事業承継がスムーズに進むと聞いたのですが，具体的にはどのような方法なのでしょうか？　また，どのようなメリットがあるのでしょうか？

POINT

　持株会社化の方法として，(1)株式譲渡による方法，(2)分社化による方法，(3)株式移転による方法，(4)株式交換による方法などが挙げられる（解説の2参照）。特に，オーナーが複数の事業会社を保有しており，全ての会社を特定の後継者に引き継ぎたいという場合には，(4)株式交換の方法が多く用いられる。

■解　説■

1　持株会社とは

　持株会社とは，一般に，他の会社の株式を保有することにより，その株式発行会社の事業活動を支配することを事業とする会社をいう。事業承継における持株会社は，既存の事業会社の株式を保有することを目的とする。

　持株会社は大きく分けて，事業持株会社と純粋持株会社の二つに分類される。事業持株会社とは，各事業会社を統括し，持株会社本体も自ら能動的な事業を行う会社をいう。また，純粋持株会社とは，持株会社では自ら能動的な事業を行わず，各事業会社の管理のみを行う会社をいう。

　事業承継のための持株会社化に当たって，事業持株会社の場合，持株会社本体が自ら行う能動的な事業が本業であるという経営陣の意識を切り替えるのは容易でない面もあり，経営資源配分が当該事業の業績に左右されやすいという側面がある。これに対して，純粋持株会社の場合，自らは能動的な事

業を持たないため，特定事業の利益にとらわれることなく，グループ全体を公平に見ることができるというメリットがあるが，能動的な事業を持たないことから，収入源を確保することが課題となりうる。

2　持株会社化の方法

　オーナーが複数の事業会社を保有する場合に，持株会社化を行う方法として，以下の四つが挙げられる。

(1)　株式譲渡による方法

　株式譲渡による方法は，オーナーが持株会社となる会社を新規に設立し，あるいはすでに設立済みの会社を利用し，これに既存の事業会社の株式を譲渡する方法である。この場合，株式を譲渡したオーナー株主に対して，株式の取得費（通常，設立時の払込価額）と譲渡価額との差額が株式譲渡益となり，これについて20.315％の税率で株式譲渡所得課税（申告分離課税）がなされることになる。この点，所得税の納税額をなるべく少なくするために，時価よりも低い金額で譲渡がなされることもありうるが，仮に譲渡価額が時価の2分の1を下回る場合には，時価で譲渡したものとみなして課税がなされることになることに注意が必要である（所得税法59条1項2号参照）。

(2)　分社化による方法

　分社化による方法は，オーナーが保有する既存の事業会社が子会社を新規に設立し，あるいはすでに保有している子会社を利用し，これに事業譲渡・現物出資などを行って，既存の事業を分社化し持株会社となる方法である（いわゆる抜け殻方式）。100％親子会社間での事業譲渡・現物出資の場合，通常，グループ法人税制・組織再編税制が適用されるため，譲渡損益は繰延べがなされる。なお，この方法を利用した場合，既存の事業会社に与えられた許認可について，譲受会社側において新たに許認可の取得が必要となる場合があるので注意が必要である。

(3)　株式移転による方法

　株式移転による方法は，オーナーが保有する複数の会社が，その発行済株式の全部を新たに設立する会社に取得させ，100％親子会社関係を創設する組織再編である（会社法2条32号）。完全子会社となる会社のオーナー株主は，

その保有する株式を新規に創設される完全親会社となる会社に譲渡し，その対価として完全親会社の株式の交付を受ける。その結果として，完全子会社となる会社のオーナー株主だった者は，完全親会社となる会社のオーナー株主になる。この場合，株式移転の対価が株式のみであるとすれば，通常，適格組織再編税制が適用されるため，特段の課税関係は生じないことになる。

(4) 株式交換による方法

　株式交換とは，オーナーが保有する複数の会社のうち，対象会社（完全子会社化する会社）の株式と承継会社（完全親会社化する会社）の株式を交換することにより，対象会社を承継会社の100％子会社とする組織再編である（会社法2条31号）。これにより，既存の事業会社を特定の会社（持株会社化する会社）の完全子会社とするものであり，複数の会社を持株会社の傘下に収めるのに有効である。この場合も，株式交換の対価が株式のみであるとすれば，通常，適格組織再編税制が適用されるため，特段の課税関係は生じないことになる。

　以上のほか，グループ化している企業において，親会社がすでに100％子会社を保有しており，当該子会社がさらに別の子会社を保有するというケースがある（親会社から見れば孫会社ということになる。）。このように複数の会社が複層的に保有される企業グループの場合，より効率的なグループ運営をするため，親会社が孫会社を直接の子会社にすることで持株会社化を進めるということが考えられる。親会社が孫会社を子会社化する簡便な方法として，孫会社の株式を保有する子会社から当該株式の現物分配を受けるという方法がある。現物分配は配当の一種であり，会社法上の分配可能額の範囲で行うことができるが，100％子会社からの現物分配であれば税制適格の要件を満たすため，これによる特段の課税関係は生じないことになる。

3　持株会社化のメリット・デメリット

　オーナーが複数の事業会社を保有し，これらの会社を持株会社化した場合，オーナーの保有する株式は，持株会社の株式のみとなるため，後継者が1人であれば，持株会社の株式を承継すればよいので簡便である。また，持株会社化のメリットとして，オーナーやその後継者においては，複数の会社を持

株会社の傘下に置くことで，統一の方針のもと，グループ全体の利益という
視点から，大局的な経営判断を行うことができるようになる。また，複数の
事業会社の支配権を維持したまま，その経営権のみを（いわゆる雇われ社長と
して）第三者に委ねるということも可能であり，各事業会社の経営を各社に
委ねることで，現場の状況に合わせた意思決定を迅速に行うことができる。
さらに，新規事業や研究開発等のリスクを伴う企業活動と，収益事業を分離
し，経営上のリスクを分散することもできる。

　これに対して，持株会社化のデメリットとして，複数の後継者（例えば
オーナーの子供たちなど）がいる場合には，持株会社化により，子会社を個別
に承継することが難しくなり，事業承継が逆に困難となるおそれもある。ま
た，オーナーが，持株会社株式以外に大きな財産を有していない場合，特定
の後継者に持株会社の株式を全て相続させると，他の相続人の遺留分侵害を
生じてしまうおそれがある。

4　課税上の留意点

(1) 持株会社化後の株式評価額

　持株会社化することによって，オーナーが保有する複数の事業会社の株式
は持株会社の株式に変容することになる。これにより，複数の事業会社の株
式の評価額を合計した場合と持株会社の評価額で差異が生じうる。これに伴
い，株式を後継者に生前贈与する場合の贈与税の額，あるいは将来相続が発
生した場合の相続税の額が異なる可能性がある。

　持株会社の評価方法は事業の内容や会社の規模にもよるが，持株会社化す
ることが結果として有利になる場合もあれば，不利になる場合もあるため，
慎重なプランニングが必要である。この点，例えば，持株会社が株式保有特
定会社などの特定の評価会社に該当する場合には，類似業種比準価額方式が
適用できなくなるので注意が必要である。

参照 財産評価基本通達

（特定の評価会社の株式）

189　178《取引相場のない株式の評価上の区分》の「特定の評価会社の株式」とは，評価会社の資産の保有状況，営業の状態等に応じて定めた次に掲げる評価会社の株式をいい，その株式の価額は，次に掲げる区分に従い，それぞれ次に掲げるところによる。

　なお，評価会社が，次の(2)又は(3)に該当する評価会社かどうかを判定する場合において，課税時期前において合理的な理由もなく評価会社の資産構成に変動があり，その変動が次の(2)又は(3)に該当する評価会社と判定されることを免れるためのものと認められるときは，その変動はなかったものとして当該判定を行うものとする。〔中略〕

(2)　株式等保有特定会社の株式

　課税時期において評価会社の有する各資産をこの通達に定めるところにより評価した価額の合計額のうちに占める**株式**，出資及び新株予約権付社債（会社法第2条《定義》第22号に規定する新株予約権付社債をいう。）（189-3《株式等保有特定会社の株式の評価》において，これらを「株式等」という。）の価額の合計額（189-3《株式等保有特定会社の株式の評価》において「株式等の価額の合計額（相続税評価額によって計算した金額）」という。）**の割合が50％以上である評価会社**（次の(3)から(6)までのいずれかに該当するものを除く。以下「株式等保有特定会社」という。）の株式の価額は，189-3《株式等保有特定会社の株式の評価》の定めによる。

　〔後略〕

（株式等保有特定会社の株式の評価）

189-3　189《特定の評価会社の株式》の(2)の「株式等保有特定会社の株式」の価額は，185《純資産価額》の本文の定めにより計算した**1株当たりの純資産価額（相続税評価額によって計算した金額）によって評価する**。この場合における当該1株当たりの純資産価額（相続税評

価額によって計算した金額）は，当該株式の取得者とその同族関係者の有する当該株式に係る議決権の合計数が株式等保有特定会社の185《純資産価額》のただし書に定める議決権総数の50％以下であるときには，上記により計算した1株当たりの純資産価額（相続税評価額によって計算した金額）を基に同項のただし書の定めにより計算した金額とする。ただし，上記の株式等保有特定会社の株式の価額は，納税義務者の選択により，次の(1)の「S1の金額」と(2)の「S2の金額」との合計額によって評価することができる。※

　なお，当該株式が188《同族株主以外の株主等が取得した株式》に定める同族株主以外の株主等が取得した株式に該当する場合には，その株式の価額は，188-2《同族株主以外の株主等が取得した株式の評価》の本文の定めにより計算した金額（この金額が本項本文又はただし書の定めによって評価するものとして計算した金額を超える場合には，本項本文又はただし書（納税義務者が選択した場合に限る。）の定めにより計算した金額）によって評価する。〔後略〕

※　いわゆるS1＋S2方式。会社が保有する資産を株式等とそれ以外に分け，株式等以外の評価（S1）は一般の評価会社に準じて評価し，会社の規模に応じて，類似業種比準価額方式，純資産価額方式又はその併用方式で評価する。そして，株式等の評価（S2）は純資産価額方式で評価する。

(2)　税制適格要件を満たさない場合の時価評価課税

　組織再編によって持株会社化するに当たって，一定の税制適格要件を満たさない場合には，組織再編の対象となる会社が保有する資産について時価評価課税がなされることになる。例えば，税制非適格となる株式移転・株式交換においては，完全子会社となる会社が株式移転・株式交換の直前において有する特定資産について時価評価を行わなければならなくなる（法人税法62条の9第1項）。そのため，含み益のある資産を有する会社について組織再編する場合には，税制適格要件を満たさない限り，想定していない税負担が生じる可能性があるので注意が必要である。

(3)　グループ法人税制の適用

　持株会社化により完全支配関係となる場合，グループ法人税制の適用対象となる。すなわち，完全支配関係がある法人間の資産の譲渡取引，寄附取引，配当等の資本関連取引等について，損益の繰延べ等の規定が設けられている（法人税法61条の13，61条の2第16項等）。

　そこで，持株会社化によりグループを形成する際には，持株会社化の際の税務上の取扱いのみならず，グループ形成後のタックスプランニングも考慮に入れて検討を行う必要がある。

租税弁護士の視点

　　事業承継においては，オーナーから後継者への事業引継ぎという点がクローズアップされがちですが，事業承継後に会社経営が円滑に行われることは非常に重要なポイントです。持株会社化の時点だけではなく，実行後の事業計画を入念に検討しておく必要があります。持株会社化により，グループ法人税制の適用対象となることが想定されますので，持株会社化に伴う課税関係のほか，持株会社化以降のタックスプランニングも，事前に十分検討しておいた方がよいでしょう。

設例6　後継者が保有する持株会社を使った事業承継

・Case・

　私が100％株式を保有している会社は業績が好調で，税理士によると，毎年度，株式の相続税評価額が上昇しています。このまま業績が好調で株価が上昇していくと，後継者である息子に株式を承継するときには，多額の税金が発生しそうです。

　後継者が保有する持株会社を利用すると，株価が上昇する見込みの場合は税務的に有利だと聞いたのですが，具体的にはどのような方法でしょうか？

POINT

　後継者が保有する持株会社を利用すると，①オーナーは自社株の現金化を行うことができる，②持株会社への株式譲渡時に自社株の株式評価を固定することができる，③自社株の株価が上昇した場合，その上昇分を実質的に後継者に移転することができる，といった効果がある。

■解　説■

1　持株会社とは

　持株会社とは，一般に，他の事業会社を支配する目的で，当該会社の株式を保有する会社である。オーナー個人は，持株会社の株式を保有し，その持株会社が事業会社の株式を保有することで，間接的に事業会社に対して支配力を及ぼすことができる。

　持株会社の利用例としては，①主として中小規模の企業において，オーナー個人の資産管理会社として利用される場合，②主に大企業において，グループ会社運営のための統括会社としての役割を担当する場合などがある。

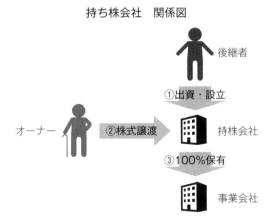

持ち株会社　関係図

2　後継者の保有する持株会社

　ここで後継者の保有する持株会社とは，後継者が100％株式を出資する会社で，本件のようなケースにおいて事業会社株式を譲り受けることを目的に設立した会社である。後継者は，持株会社の設立に際し出資を行うが，出資分だけでは株式買取資金が不足することが多い。そこで，持株会社が金融機関から融資を受けることが多い。

　事業承継の観点からすると，後継者の保有する持株会社に会社株式を譲渡することで，後継者に責任感が芽生え，後継者育成につながるという利点もある。また，後継者は，将来的に，持株会社の株式を譲渡してM&Aを機動的に行うことができるようになる。

　さらに，事業会社の業績が好調かつ安定的であり，将来における株価上昇が容易に予想できる場合には，早期に（株価の低いうちに）株式を譲渡しておくことで，将来における上昇分を特段の税負担なく実質的に後継者に移転することが可能となる。

3　持株会社を使った間接保有のメリット

（1）　オーナーが保有する会社株式を，後継者が相続により直接承継した場合

〔事例〕
- 現状の会社株式の相続税評価額が5000万円

- 5年後の会社株式の相続税評価額が3億円
- 5年後にオーナーが死亡して，相続により後継者が当該株式を承継した

〔結果〕

　以上の条件の場合，5年後に後継者が株式を相続した場合，3億円の資産を相続したものとして相続税が課税される。

(2) **オーナーが保有する会社株式を，後継者が保有する持株会社に譲渡した場合**

〔事例〕

- 現状の会社株式の相続税評価額が5000万円
- 5年後の会社株式の相続税評価額が3億円
- 現状の相続税評価額5000万円を時価として，持株会社に株式を譲渡した

〔結果〕

　持株会社において，金融機関からの借入れなどにより株式買取資金5000万円を調達する必要はあるものの，①オーナーは株式を5000万円に現金化することができる，②後継者は，現時点での相続税評価額である5000万円の支出によって事業を承継することができる，③5年間の株式価格上昇分2億5000万円（株式の含み益）については，持株会社を介して実質的に後継者が保有することになる，という3点のメリットがある。なお，持株会社の金融機関からの借入れについては，事業会社が持株会社に対して配当を行い，その配当金を原資として金融機関への返済を行うケースが多い。

4　持株会社の株式評価

　後継者が保有する持株会社の株式を更に後継者の親族が相続する場面（二次相続の場面）においては，持株会社が開業後3年未満の会社の場合，純資産価額方式で株価が算定されるが（財産評価基本通達179(3)，189(4)，189-4)，その計算において，評価差額（株式の含み益）に対する法人税等相当額（評価差額の37％相当額）が控除される（同通達185，186-2)。すなわち，本件でいえば，株式の株価上昇分の評価差額2億5000万円に対する法人税等相当額として，

37％分，すなわち9250万円が評価額から控除されるため，持株会社開業後3年以内に二次相続が発生した場合における持株会社株式の相続税評価額を抑制する効果がある。これにより，後継者の相続の際には，相続税の負担が軽減されるというメリットもある。

　また，開業後3年を経過しても，持株会社の株価算定においては純資産価額が重要な算定要素となっているため，二次相続において，事業会社の株式をそのまま相続するよりも株価を引き下げる効果がある。

参照　財産評価基本通達

（純資産価額）

185　179《取引相場のない株式の評価の原則》の「1株当たりの純資産価額（相続税評価額によって計算した金額）」は，課税時期における各資産をこの通達に定めるところにより評価した価額（この場合，評価会社が課税時期前3年以内に取得又は新築した土地及び土地の上に存する権利（以下「土地等」という。）並びに家屋及びその附属設備又は構築物（以下「家屋等」という。）の価額は，課税時期における通常の取引価額に相当する金額によって評価するものとし，当該土地等又は当該家屋等に係る帳簿価額が課税時期における通常の取引価額に相当すると認められる場合には，当該帳簿価額に相当する金額によって評価することができるものとする。以下同じ。）の合計額から課税時期における各負債の金額の合計額及び**186-2《評価差額に対する法人税額等に相当する金額》により計算した評価差額に対する法人税額等に相当する金額**を控除した金額を課税時期における発行済株式数で除して計算した金額とする。ただし，179《取引相場のない株式の評価の原則》の(2)の算式及び(3)の1株当たりの純資産価額（相続税評価額によって計算した金額）については，株式の取得者とその同族関係者（188《同族株主以外の株主等が取得した株式》の(1)に定める同族関係者をいう。）の有する議決権の合計数が評価会社の議決権総数の50％以下である場合においては，上記により計算した1株当た

りの純資産価額（相続税評価額によって計算した金額）に100分の
80を乗じて計算した金額とする。〔後略〕

（評価差額に対する法人税額等に相当する金額）

186-2　185《純資産価額》の「評価差額に対する法人税額等に相当する
　金額」は，次の(1)の金額から(2)の金額を控除した残額がある場合にお
　けるその残額に37％（法人税（地方法人税を含む。），事業税（特別
　法人事業税を含む。），道府県民税及び市町村民税の税率の合計に相当
　する割合）を乗じて計算した金額とする。〔中略〕

(1)　課税時期における各資産をこの通達に定めるところにより評価した
　価額の合計額（以下この項において「課税時期における相続税評価額
　による総資産価額」という。）から課税時期における各負債の金額の
　合計額を控除した金額

(2)　課税時期における相続税評価額による総資産価額の計算の基とした
　各資産の帳簿価額の合計額（当該各資産の中に，現物出資若しくは合
　併により著しく低い価額で受け入れた資産又は会社法第2条第31号
　の規定による株式交換（以下この項において「株式交換」という。）
　若しくは会社法第2条第32号の規定による株式移転（以下この項に
　おいて「株式移転」という。）により著しく低い価額で受け入れた株
　式（以下この項において，これらの資産又は株式を「現物出資等受入
　れ資産」という。）がある場合には，当該各資産の帳簿価額の合計額
　に，現物出資，合併，株式交換又は株式移転の時において当該現物出
　資等受入れ資産をこの通達に定めるところにより評価した価額から当
　該現物出資等受入れ資産の帳簿価額を控除した金額（以下この項にお
　いて「現物出資等受入れ差額」という。）を加算した価額）から課税
　時期における各負債の金額の合計額を控除した金額

（注）〔後略〕

租税弁護士の視点

　持株会社を利用した事業承継は，広く行われており，①オーナーが出資する持株会社を設立して持株会社の株式を後継者に承継する場合，②後継者が出資する持株会社に，オーナーが保有する事業会社の株式を承継させる場合などがあります。

　本件は②に該当しますが，事業会社の業績が好調で，株式価格が上昇すると見込まれている場合は，②を採用する方が得策です。後継者が確定している場合で，会社の業績が好調な場合は，②の持株会社方式を検討してみるとよいでしょう。

設例7 ｜ 事業承継と従業員持株会

・ Case ・

　Aは，甲株式会社（以下「甲社」）の株式を100％保有しています。A
は，長男Bを後継者にしようと考えており，甲社の株式をBに承継した
いと考えています。しかし，Aが保有する甲社全株式の相続税評価額は，
原則的評価方法によれば，5億円に達することが分かりました。このま
まBに甲社全株式を承継すると，Bの納税負担額が重くなりすぎるため，
従業員持株会を設立して，甲社株式の一部を古参の従業員たちに譲渡し
ようと考えています。従業員持株会はどのように設立すればよいでしょ
うか？　また，従業員持株会の設立・運営においてはどのような点に注
意する必要があるでしょうか？

POINT

　従業員持株会の設立は，経営者の相続財産を圧縮し，事業承継のコス
トを減少させる有効な手段である。しかし，労使関係は状況によって変
わりうるため，従業員持株会に譲渡する株式の割合は4分の1未満若し
くは3分の1未満に抑え，経営者としては4分の3以上，最低でも3分
の2以上の議決権を保持し，会社支配権を確保する必要がある。また，
個々の従業員との関係でも，売渡強制条項の有効性を争われるおそれや，
従業員持株会が破綻した場合は会社側が責任を問われるおそれもある。
そこで，従業員持株会の独立性を，規約上・運営上明確にするとともに，
個々の従業員が規約を十分に理解した上で自由意思に基づいて従業員持
株会に参加した，という実態を備えることが必要である。

■ **解　　説** ■

1　従業員持株会の基礎知識

(1) 目　的

　従業員持株会とは，会社の従業員が金銭を拠出し，会社株式を取得することを目的として運営する組織をいう。従業員持株会の本来の目的は，従業員の財産形成という福利厚生を増進し，経営への参加意識・勤労意欲の向上を図ることにある。また，経営側としては，従業員持株会の設立により，経営者を支える安定株主を形成することができ，株式が社外に流出することを防ぐこともできる。

　事業承継の観点からは，経営者保有株式の一部を従業員持株会に譲渡することにより，経営者の相続財産の総量を減少させ，後継者の相続税負担を軽減させることができる。例えば，会社の株式を 100％保有する経営者は，20％の株式を従業員持株会に譲渡することで保有株式割合を低下させ，相続等の株式承継の際に，相続財産たる株式の総量を 2 割減少させ，その分だけ相続税額を減額させることができる。また，譲渡ではなく，第三者割当増資によって経営者の保有する株式割合を希釈化するという方法もある。この場合，株主総会特別決議をすることで，従業員持株会に対して割り当てる株式の引受価額を時価よりも有利な価額で行うことも可能である。このように，時価よりも低い価格で第三者割当増資を行えば，経営者が保有する株式の 1 株当たりの評価額を下げることができる可能性があり，その場合，経営者の保有する株式数が変わらないとしても，相続財産としての評価額を下げることができる。

　なお，一般に，株式の譲渡に当たりその評価額を算定する方法としては，「純資産価額方式」「類似業種比準価額方式」という原則的評価方法，「配当還元方式」という特例的評価方法があるが，経営者から後継者へ株式の譲渡がなされる場合，会社を支配できるだけの割合の株式を譲渡するため，原則的評価方法により評価額が決定される（所得税基本通達 59-6 柱書，財産評価基本通達 178，179）。その一方で，経営者から従業員持株会へ株式の譲渡がなされる場合は，少数株主となる割合でのみ株式を譲渡することが通常であるため，一般的に，原則的評価方法による場合よりも大幅に低い評価額となる，配当

還元方式で評価した価額で株式を譲渡することができる（所得税基本通達59-6 柱書，財産評価基本通達178ただし書，188，188-2）。これにより，従業員持株会に対して譲渡する場合は，後継者に対して譲渡する場合よりも低い価額で譲渡をしたとしても，通常，課税上の問題は生じないものとされる。

(2) 法的性質

　従業員持株会は，主に，①民法上の組合（民法667条），②任意団体，③権利能力なき社団の三つに当たる場合があるが，①民法上の組合として設立されることが最も一般的である。

　民法上の組合の場合，従業員持株会は，複数の従業員が出資して共同の事業を営むことを約する組合契約（民法667条1項）により設立される。もっとも，民法上の組合は法人格を有するものではないため，組合名義で株式を保有することはできない。すなわち，従業員持株会の名において株式を保有することはできない。そこで，従業員持株会の会員は，各人が保有する株式を従業員持株会の理事長に信託し，理事長が受託者として株式を一括管理するという方式を採ることが多い。従業員の直接保有ではなく，このような管理信託方式を採ることで，従業員が個別に議決権を行使することが事実上なくなり，経営者にとって安定株主を形成できるというメリットがある。

2　従業員持株会の設立

　従業員持株会の設立では，「従業員持株会設立契約書」「従業員持株会規約」を作成することが一般的である。

(1) 従業員持株会設立契約書

　従業員持株会設立契約書は，民法上の組合契約であることが一般的であるため，組合契約の要件を満たすよう，下記のような条項を含む必要がある。

　「甲株式会社の従業員のA，B，Cは，甲株式会社従業員持株会を結成し，別紙従業員持株会規約・細則の定めるところに従い，会員の財産形成に資するため，会員の拠出金をもって甲株式会社株式への共同投資事業を行うことを契約する。」

　また，会員の株式の管理信託を行うには，受託者となる理事長，理事長を監督する理事会の理事，監事等を選任する必要があるので，役員・機関設計に関する条項も必要である。

(2) 従業員持株会規約

　従業員持株会規約では，持株会の名称，目的，会員資格，配当金の交付方法，株式の管理信託，退会時の持分返還，機関設計等を規定する。以下に文例を挙げる。

| 文例 | 従業員持株会規約 |

第1条（名称）
　本会は，甲株式会社従業員持株会（以下「本会」という。）と称する。
第2条（本会の性格）
　本会は，民法上の組合とする。
第3条（目的）
　本会は，甲株式会社（以下「会社」という。）の株式を取得することにより，経営への参画意識を向上させ，会員の資産形成のために，株式の取得を容易ならしめることを目的とする。
第4条（会員）
　会員は，会社の従業員（以下「従業員」という。）とする。ただし，勤続年数3年未満の者は除く。
第5条（入会および退会）
　第4条の会員資格を有する従業員は，本会に入会届出書を提出して入会し，又は本会に退会届出書を提出して退会することができる。
2　会員が従業員でなくなった場合は，自動的に退会するものとする。
第6条（配当金）
　本会が所有する，本会理事長名義の株式に対する配当金は，本会が定める細則に従い，会員に現金交付する。
第7条（増資新株式の払込み）

　会員は，理事長名義の株式に割り当てられた増資新株式について，各持分に応じて払込金を払い込むものとする。

第8条（貸付金）

　本会および会社は，会員に対して貸付けの斡旋を行うことができる。

第9条（株式の登録配分）

　第7条により取得した新株式又は無償交付その他の原因により割り当てられた株式は，割当日現在の会員の登録配分株数に応じて登録配分する。

第10条（株式の管理および名義）

　会員は，自己に配分された株式を，本会理事長に対し管理させる目的をもって信託するものとする。

2　前項により理事長が受託する株式は，すみやかに理事長名義に書き換えるものとする。

第11条（議決権の行使）

　理事長名義の株式の議決権は，理事長が行使するものとする。ただし，会員は各自の持分に相当する株式の議決権の行使について，理事長に対し，書面により，特別の指示を与えることができる。

第12条（現物組入れ）

　会員は，自己の保有する株式を，本会の持分に組み入れることができる。

第13条（株式の引出し）

　会員は，登録配分された株数が1000株以上になったときに，その会員は1000株を単位として引き出すことができる。

2　第8条により貸付けを受けている場合は，前項にかかわらず，会員は，貸付けに係る株式を引き出すことができない。

第14条（処分の禁止）

　会員は，登録配分された株式を他に譲渡し，又は担保に供することができない。

第15条（退会の持分返還）

　本会は，会員が退会したとき，当該会員に登録配分された株式を現金

にて払い戻す。

2　前項の規定により払戻しを受ける際の株式評価は，別に定める株式の評価規定により行うものとする。

第16条（役員）

本会の業務を執行するため，役員として，理事3名（うち理事長1名），監事1名をおく。

2　前項の役員は，会員総会において会員の中から選任し，理事長は，理事の中から互選によって選任する。

3　理事長は，本会を代表するものとする。ただし，理事長に事故があるときは，他の理事がこれに代わるものとする。

4　監事は，本会の会計を監査し，その結果を定時会員総会に報告するものとする。

第17条（理事会）

理事長は，毎年4月に定例理事会を招集し，必要あるときは臨時に理事会を招集する。

2　理事会は，理事の過半数の出席によって成立し，その過半数の賛成により議決する。

第18条（会員総会）

規約の改正その他の重要事項の議決および役員の選任のため，毎年6月に定時会員総会を開催する。ただし，必要に応じて臨時会員総会を開催することができる。

2　会員総会は，理事長が招集する。

3　会員総会の議決は，出席会員の過半数をもって行う。ただし，会員は，書面をもって議決権の行使を委任することができる。

4　会員は各1個の議決権を有する。

第19条（会員への報告）

理事長は，毎年4月1日から3月31日までを計算期間とした本会の決算報告書を6月30日までに，本会の所在地において公告する。

2　本会は，各会員に対し，前項の期間内の個人別計算書を作成し送付するものとする。

第 20 条（通知）

　本会の通知は，原則として社内報又は社内掲示板によって行う。

第 21 条（会の所在地）

　本会の所在地は，東京都○○○区○丁目○番○号甲株式会社内とする。

第 22 条（事務の委託）

　本会は，本会の事務の一部を，甲株式会社に委託することができる。

附　　則

　この規約は，令和 2 年 4 月 1 日から実施する。

(3)　会員の退会と株式売渡強制条項

　従業員持株会規約は，会員が退会する際に，その会員の株式共有持分を会社又は従業員持株会が一定金額で買い受けることができる旨を定めていることが多い。そして，このような株式売渡強制条項の効力については，従業員の側から，従業員の投下資本の機会を不当に制限する可能性があるとして争われてきた。

　最高裁判例（最判平成 21 年 2 月 17 日裁判集民 230 号 117 頁）は，従業員が持株会から譲り受けた株式を，個人的理由により売却する必要が生じたときは，持株会が額面額でこれを買い戻すという合意の有効性について，①対象株式が譲渡制限株式であり，株主が将来の譲渡益を期待できない状況であったこと，②株主が株式譲渡のルールを承知しており，株主がかつて株式を取得した際にその取得を事実上強制されたという事情がないこと，③会社が多額の利益を計上しながら特段の事情もないのに一切配当を行うことなくこれを全て会社内部に留保していたというような事情が見当たらないことなどを理由として，かかる合意が有効である旨判示している。

　上記判例を参考にすれば，対象株式が譲渡制限株式であることを前提として，従業員に強制的に株式を取得させないこと，従業員持株会の会員に対し売渡強制条項について事前に周知徹底すること，配当を従業員にとって過度に不利とならないようにすること等に配慮しつつ，従業員持株会を運営していく必要がある。

(4) 利益供与禁止（会社法120条）と従業員持株会奨励金の関係

　従業員持株会においては，会社側から奨励金等の資金補助が行われていることが多い。

　しかし，会社から特定の株主に対する利益供与は，違法な利益供与と推定され（会社法120条），持株会の会員たる従業員も特定の株主に当たることから，会員従業員に支給される奨励金は違法な利益供与と推定されることとなる。そこで，従業員持株会に関する奨励金の支出が，利益供与禁止規定に抵触するかどうかが問題となる。

　熊谷組事件の第一審（福井地判昭和60年3月29日判タ559号275頁）において，裁判所は，従業員株主に対する奨励金等の支出が，特定の株主に対する無償の財産上の利益供与であり，利益供与推定（会社法120条2項）が働くとした。その一方で，①会社の持株制度導入の目的が，従業員の財産形成と共同体意識の高揚であることを認め，②規約に沿った持株会の運営がなされていること，③最も重要な議決権行使は制度上の独立性が確保されていること，④保有株式数が一定限度を超えた場合，自由に処分することが認められること，⑤奨励金の額および割合が相当であること等を挙げて，利益供与推定を覆した。

　上記裁判例を参考にすれば，奨励金を支給する場合には，奨励金の金額・割合を相当な範囲内に収めることは当然に重要であるが，従業員持株会の議決権行使について規約上だけでなく運営上も独立性を確保すること，従業員の保有株式数が一定限度を超えた場合に自由に処分できる条項を規約に組み入れること等が必要となる。

(5) 従業員持株会と会社の責任

　未上場会社においては，従業員持株会の会員が退職する際に，株式共有持分について払戻精算金を受領できるか否かは重要な問題である。例えば，本体の会社の業績が悪くなり退職者が急増したような場合，払戻精算金を準備できず，従業員持株会自体が破綻することも十分ありうる。

　従業員持株会が破綻した場合，従業員側としては，本体の会社に対して株式買取りを請求することを考えるであろう。この点について，従業員持株会の退会に伴う払戻精算金の支払請求について，従業員持株会が会社から独立

した民法上の組合であるとする規約が存在するものの，その実体は会社の一部局であるとして，会社に精算債務があるとした裁判例が存在する（札幌地判平成14年2月15日労判837号66頁）。

　また，本体の会社と従業員持株会の間の取引については，会社が従業員持株会に対する貸付金を解消するために，従業員持株会の保有する株式を買い取った事例について裁判例がある（大阪高判平成24年2月16日訟月58巻11号3876頁）。この裁判例では，会社が従業員持株会の保有する株式を簿価よりも高い価格で取得し貸付金と相殺した点について，みなし配当と認定され，会社に所得税の源泉徴収及び納付義務があるとされた。なお，本件においては，従業員持株会という特定の株主から，会社が自己株式を取得することになるから，会社法上，株主総会での承認が必要になる（会社法160条以下）。

　以上の裁判例を参考にすると，会社と従業員持株会がそれぞれ独立した関係であることを運営上も明確にするとともに，会社と従業員持株会の間の取引について，馴れ合いではなく，あくまで独立した当事者間の取引であることを前提に，法務・税務上のリスクがないかを判断しなければならない。

租税弁護士の視点

　従業員持株会を設立し，会社株式の一部を移動させることは，事業承継において，経営者自身が保有する会社株式について財産評価額を圧縮する有効な手段です。

　しかし，経営者と従業員の関係が悪化した場合には，従業員持株会が経営者を支える安定株主とはいえなくなる場合も想定されます。そこで，そのような事態に備えるため，経営者側で会社株式の保有割合4分の3以上，若しくは最低でも特別決議ができるように3分の2以上は確保し，安定した会社支配権を確保する必要があります。

　また，常に，個々の従業員との間で紛争が生じないように細心の注意を払うとともに，株式売渡強制条項，払戻精算金等について，有効な合意が形成されたというエビデンス（同意書，通知書等）を残しておくことが重要です。裁判例を参考にしながら，従業員持株会の運営上，従業員に十分に情報を提供し，従業員が自由意思に基づいて合意を形成したと

いう実態を備える必要があります。

　さらに，会社と従業員持株会の関係が馴れ合いにならないように注意し，互いに独立した組織であることを明確に意識した上で，特に両当事者間での株式の譲渡・取得については，法務・税務の両面から十分にリスクを検討する必要があります。

設例8	事業承継と種類株式

・ Case ・

　事業承継においては，種類株式を活用することができると聞きました。種類株式の中にもいろいろなものがあるそうですが，どのような制度があるのでしょうか？　具体的な活用の場面も教えてください。

POINT

　事業承継において活用される種類株式として，議決権制限株式，全部取得条項付種類株式，拒否権付種類株式が挙げられる。経営権の集中や，事業承継のスムーズな移行を行うことができるというメリットが存在するものの，デメリットも存在するため，具体的な事案に応じた活用が必要となる。

■解　説■

1　総　論

　事業承継において活用される種類株式として，議決権制限株式（会社法108条1項3号），全部取得条項付種類株式（同項7号），拒否権付種類株式（同項8号）が挙げられる。

　新たに種類株式を発行するためには，株主総会の特別決議（原則，議決権を行使することができる株主の議決権の過半数を有する株主が出席し，出席株主の議決権の3分の2以上の賛成）により定款を変更することが必要である（会社法466条，309条2項11号，2条13号）。

　ただし，定款変更に際しては，少数株主への事前説明が必要となる場合がある。強引に定款変更を行うと少数株主との間でトラブルが発生しやすくなるため，注意が必要である。

2　議決権制限株式（会社法108条1項3号）

　議決権制限株式とは，株主総会における全部又は一部の事項について議決権を有しない種類株式であり，株主総会決議事項の全てについて議決権を有しない場合（完全無議決権）と，特定の事項についてのみ議決権を有しない場合がある。

　事業承継において議決権制限株式が活用される具体例としては，100％株主のオーナーが，配当優先の無議決権株式を発行した上で，それをオーナー自身に割り当て，後継者に普通株式を取得させることで，経営権を承継するという場合が挙げられる。これにより，後継者は株主総会の議決権を確保するとともに，現在のオーナーは，議決権制限株式により配当を受ける権利を確保することができる。

　もっとも，配当がなされない企業においては，議決権制限株式を保有すること自体のメリットが少ないため，中小企業においては議決権制限株式が活用できないことも想定される。また，議決権制限株式については，その経済的価値を算定することに困難が伴うため，議決権制限株式の譲渡や相続において，株価算定上の問題が生じうる点にも注意が必要である。ただし，配当優先の無議決権株式については，後述のとおり，相続税を算定するに当たっての評価方法が国税庁において示されている。

3　全部取得条項付種類株式（会社法108条1項7号）

　全部取得条項付種類株式とは，株主総会の特別決議に基づき，会社が当該種類株式の全部を取得することができる内容の種類株式である。全部所得条項付種類株式の場合，保有株主本人の同意がなくても，強制的に取得できるという点に特徴がある。全部所得条項付種類株式の活用により，少数株主を排除し，散逸した株式を取り戻すことにより，経営権を100％掌握することができる。

　具体的な手続としては，①株主総会の特別決議により定款を変更して，全部取得条項付種類株式と議決権制限株式を導入し，発行済普通株式を全て全部取得条項付種類株式に変更する，②株主総会の特別決議により第三者割当てを行い，新たに普通株式を発行し，現オーナー若しくは後継者に割り当て

る，③株主総会の特別決議により，全部取得条項付種類株式を取得し，取得
対価として議決権制限株式を交付する。

　なお，少数株主保護として，全部取得条項付種類株式の導入や取得の決議
に反対する株主には，株式買取請求権が付与されている（会社法116条1項2
号，172条）。その際には，反対株主に価格決定の申立てが認められているた
め（同法117条，172条），反対株主が生じ得る場合には，株式買取りのための
資金もあらかじめ準備しておく必要がある。

4　拒否権付種類株式（会社法108条1項8号）

　拒否権付種類株式とは，株主総会・取締役・清算人会の特定の決議事項に
ついて，株主総会等のほかに，当該種類株式を保有する株主の種類株主総会
決議を必要とする内容の種類株式である。

　事業承継において議決権制限株式が活用される具体例としては，第三者割
当ての方法により拒否権付種類株式を現在のオーナーに割り当てた上で，拒
否権付種類株式以外の株式を後継者に取得させる場合が挙げられる。これに
より，現在のオーナーは，特定の事項について拒否権を有することで，承継
者の経営について影響力を行使することができる。

　ただし，拒否権付種類株式を発行した場合，現在のオーナーと後継者の間
で意思決定に齟齬が生じた場合に，迅速な経営判断ができなくなってしまう
というリスクがある。そのため，拒否権の対象となる事項は，特に重要な事
項に限定しておく必要がある。

　また，拒否権付種類株式を有する株主が死亡した場合の相続発生や，認知
症による意思決定の不能なども想定されるため，一定の事情が発生した場合
は，拒否権付種類株式を消却できるよう定款を定めておく必要がある。

　なお，拒否権付種類株式を相続する場合，拒否権の権利の価値をどのよう
に評価するかということが問題となり得るが，後述のとおり，少なくとも相
続税評価の場面においては，当該拒否権はないものとして評価することが認
められている。

5　種類株式と相続税評価

　事業承継において種類株式を活用するに当たって，相続税の観点からは，各株式が相続によって承継される際にどのように評価されるかを事前に検討しておくことは重要である。この点，種類株式の評価については，中小企業庁からの文書照会に対する国税庁の回答として，「平成19年2月26日付課審6-1ほか2課共同『相続等により取得した種類株式の評価について（平成19年2月19日付平成19・02・07中庁第1号に対する回答）』」が公表されている（下記参照）。同回答では，事業承継目的での活用が期待される種類株式として，次の3類型の種類株式についての評価方法が示されており，参考になる。

> 第一類型　配当優先の無議決権株式
> 第二類型　社債類似株式
> 第三類型　拒否権付株式

参照　相続等により取得した種類株式の評価について
（平成19年2月19日付平成19・02・07中庁第1号に対する回答）

〔1略〕
2．配当優先の無議決権株式（第一類型）の評価の取扱い
　(1)　配当優先の株式の評価
　同族株主が相続等により取得した配当（資本金等の額の減少に伴うものを除く。以下同じ。）優先の株式の価額については次により評価する。
イ　類似業種比準方式により評価する場合
　財産評価基本通達183（評価会社の1株当たりの配当金額等の計算）の(1)に定める「1株当たりの配当金額」については，株式の種類ごとに計算して評価する。
ロ　純資産価額方式により評価する場合
　配当優先の有無にかかわらず，財産評価基本通達185（純資産価額）の定めにより評価する。
　(2)　無議決権株式の評価
　無議決権株式については，**原則として，議決権の有無を考慮せずに評価する**こととなるが，議決権の有無によって株式の価値に差が生じるの

ではないかという考え方もあることを考慮し，同族株主が無議決権株式（次の3に掲げる社債類似株式を除く。）を相続又は遺贈により取得した場合には，次のすべての条件を満たす場合に限り，上記(1)又は原則的評価方式により評価した価額から，その価額に5パーセントを乗じて計算した金額を控除した金額により評価するとともに，当該控除した金額を当該相続又は遺贈により同族株主が取得した当該会社の議決権のある株式の価額に加算して申告することを選択することができることとする（以下，この方式による計算を「調整計算」という。）。

　なお，この場合の具体的な計算は次の算式のとおりとなる。

【条件】

イ　当該会社の株式について，相続税の法定申告期限までに，遺産分割協議が確定していること。

ロ　当該相続又は遺贈により，当該会社の株式を取得したすべての同族株主から，相続税の法定申告期限までに，当該相続又は遺贈により同族株主が取得した無議決権株式の価額について，調整計算前のその株式の評価額からその価額に5パーセントを乗じて計算した金額を控除した金額により評価するとともに，当該控除した金額を当該相続又は遺贈により同族株主が取得した当該会社の議決権のある株式の価額に加算して申告することについての届出書が所轄税務署長に提出されていること。

　（注）　無議決権株式を相続又は遺贈により取得した同族株主間及び議決権のある株式を相続又は遺贈により取得した同族株主間では，それぞれの株式の1株当たりの評価額は同一となる。

ハ　当該相続税の申告に当たり，「取引相場のない株式（出資）の評価明細書」に，次の算式に基づく無議決権株式及び議決権のある株式の評価額の算定根拠を適宜の様式に記載し，添付していること。

〔算式略〕

3．社債類似株式（第二類型）の評価の取扱い

　次の条件を満たす株式（社債類似株式）については，その経済的実質

が社債に類似していると認められることから，財産評価基本通達197-2（利付公社債の評価）の(3)に準じて，発行価額により評価するが，株式であることから，既経過利息に相当する配当金の加算は行わない。

　なお，社債類似株式を発行している会社の社債類似株式以外の株式の評価に当たっては，社債類似株式を社債として計算する。

【条件】

イ　配当金については優先して分配する。

　　また，ある事業年度の配当金が優先配当金に達しないときは，その不足額は翌事業年度以降に累積することとするが，優先配当金を超えて配当しない。

ロ　残余財産の分配については，発行価額を超えて分配は行わない。

ハ　一定期日において，発行会社は本件株式の全部を発行価額で償還する。

ニ　議決権を有しない。

ホ　他の株式を対価とする取得請求権を有しない。

4．拒否権付株式（第三類型）の評価の取扱い

　拒否権付株式（会社法第108条第1項第8号に掲げる株式）については，**拒否権を考慮せずに評価する。**

出典：国税庁ホームページ〈https://www.nta.go.jp/law/bunshokaito/hyoka/070226/another.htm〉（2019年12月5日確認）

租税弁護士の視点

　事業承継において，専門家から種類株式の活用が提案されることが多く見受けられます。たしかに，種類株式をうまく活用すれば，現在のオーナーの意向を汲みながら，後継者に経営権をスムーズに承継することができます。しかし，種類株式の導入は，会社組織の複雑化や少数株主とのトラブルを招来することにもなりかねないため，導入に当たっては慎重な判断が求められます。種類株式の導入と事業承継のクロージングについては，事前に十分な見通しを立てることが肝要です。

設例9 | 事業承継と退職金

・Case・

　建設業を営んでいますが，長男に会社を引き継ぐために，社長を引退しようと考えています。退職金を会社から支給するに当たって，何か注意すべき点はあるでしょうか？

POINT

　役員退職金は，これを受給する役員の側では退職所得として課税上有利な取扱いがなされるほか，これを支給する会社の側で損金算入することが認められる。ただし，役員退職金の支給が，会社の損金として認められるためには，法人税法上の「退職給与」として認められなければならない。実質的に退職したといえない場合や，退職金額が不相当に高額な場合は，会社の損金として算入できない場合がある。

■ 解　説 ■

1　役員退職給与

　事業承継において，企業の経営者に支払われる役員退職給与は，生活資金のほかに，納税資金として活用されることがある。また，役員退職給与の支給は，法人税法上の損金に算入することができ，会社の利益を減少させる効果がある。会社の利益が減少すると，会社株式の評価額が減少する場合があるため，役員退職給与の支給は，事業承継における株式承継コストにも大きな影響を与える。

　もっとも，役員退職給与を，法人税法上の損金として算入するためには，まず当該役員退職給与が，法人税法上の「退職給与」に該当することが必要である。また，法人税法上の「退職給与」に該当するとしても，「不相当に高額な部分」（法人税法34条2項）については損金として算入されないため，「不相当に高額な部分」に該当するか否かが問題となる。

2　法人税法上の「退職給与」に該当するか

(1)「退職給与」の定義・要件

　法人税法上,「退職給与」について直接定義した規定はないが,原則として,所得税法における「退職所得」の意義と同様であると解されている。所得税法上,「退職所得」とは,「退職手当,一時恩給その他の退職により一時に受ける給与及びこれらの性質を有する給与に係る所得」（所得税法30条1項）と定義されている。

　いわゆる「5年退職金事件」（最判昭和58年9月9日民集37巻7号962頁）では,「退職所得」の3要件として,下記の要件が示された。

「退職所得」の3要件

> ①　退職すなわち勤務関係の終了という事実によって支払われること
> ②　従来の継続的な勤務に対する報償ないしその間の労務の対価の一部の後払いの性質を有すること
> ③　一時金として支払われること

(2)「退職」の意義

　上記3要件のうち,①の要件を満たすためには,原則として,現実の退職が必要である。もっとも,現実に退職しない場合であっても,実質的に退職と同視できる事情に基づいて給与の支給がなされる場合には,それは退職に起因する給与と同様の性質を有するものといえることから,なお退職給与に該当しうる。

　この点,法人税基本通達において,現実の退職がない場合であっても,一定の場合に退職給与として取り扱うことが認められている（法人税基本通達9-2-32以下参照）。さらに,代表取締役が取締役を退任して新たに監査役に就任した際に支給された給与につき,退職給与に該当するか否かが争われた裁判例で,「通達が具体的に規定している事情は飽くまで例示にすぎないのであるから,分掌変更又は再任の時に支給される給与を『退職給与』として損金に算入することができるか否かについては,当該分掌変更又は再任に係る役員が法人を実質的に退職したと同様の事情にあると認められるか否かを,

具体的な事情に基づいて判断する必要がある」「役員の分掌変更又は改選による再任等がされた場合において，例えば，常勤取締役が経営上主要な地位を占めない非常勤取締役になったり，取締役が経営上主要な地位を占めない監査役になるなど，役員としての地位又は職務の内容が激変し，実質的に退職したと同様の事情にあると認められるときは，上記分掌変更又は再任の時に支給される給与も，『退職給与』として損金に算入することとされるのが相当である」と判示したものがある（東京地判平成20年6月27日判タ1292号161頁）。

　以上とは逆に，企業の経営者が形式的には退任するとしても，役員退任登記後も実質的な代表者として経営を続けているような場合には，実質的には「退職」に当たらないものと判断され，そのような形式的な退職時に支給される給与は退職給与とは認められないと解される。

参考事例　国税不服審判所　平成21年12月17日裁決

　甲社は，甲社代表取締役Aについて，代表取締役および取締役を退任したものとして役員退任登記を行い，Aに対して退職金の支払を行った。

　しかし，Aの役員退任登記後も，甲社から，取引先や従業員に対して，Aの代表取締役退任が周知されたという事実はなく，Aは継続して甲社の業務に従事し，また，甲社の実印を自由に使用することができるという状態であった。

　これらの事情から，Aが甲社を退職したという事実は認められず，甲社がAに支払った退職金は法人税法上の「退職給与」には該当しないと判断され，損金の額に算入されない役員給与に該当すると判断された。

　このように，形式上は役員が退職したという事実があったとしても，実質的に退職の事実が無いと判断される場合があるため，注意が必要である。

3　「不相当に高額な部分」（法人税法34条2項）の有無

（1）　法人税法34条2項の趣旨

　法人が役員に対して支給する給与のうち，「不相当に高額な部分」の金額については，当該法人の各事業年度の所得の金額の計算上，損金の額に算入することができないとされている（法人税法34条2項）。

　法人が支給する役員給与については，お手盛りの危険があるため，損金算入される役員給与の範囲を，職務執行の対価として相当の範囲内に制限する趣旨である。また，経営と所有が分離していない同族企業においては，本来配当とすべき金額を役員給与として支払う「隠れた利益処分」が発生しやすいため，これに対処するという趣旨も含まれている。

（2）　適切な退職給与の算定方法

　退職給与が「不相当に高額」であるか否かについては，当該役員のその内国法人の業務に従事した期間，その退職の事情，その内国法人と同種の事業を営む法人でその事業規模が類似するものの役員に対する退職給与の支給の状況等を勘案して行うこととされている（法人税法施行令70条2号）。

　しかしながら，具体的な算定方法は条文上明示されていない。そこで，適正な退職給与の額の算定に当たり，実務においては，主に「功績倍率法」という算定方法が用いられている（札幌地判平成11年12月10日訟月47巻5号1226頁など）。「功績倍率法」とは，下記算式のとおり，役員の最終月額報酬に勤続年数を乗じて，さらに業種や規模等が類似している法人の役員退職給与の支給事例における功績倍率（退職給与が「最終月額報酬×勤続年数」の何倍に当たるかというその倍率）を乗じて，適正退職給与額を算定する方法である。

功績倍率法

役員退職給与の適正額　＝　最終報酬月額　×　勤続年数　×　功績倍率

　功績倍率法の算式のうち，まず，最終報酬月額については，一般には，最終の報酬月額は退職までの役員の功績が反映されて決定されるに至ったものと考えられることから，実際の報酬額を用いることが原則である。もっとも，役員の退任直前に支払われていた報酬の額のうち，その職務内容等に照らし

て不相当に高額と認められる部分の金額については含まない（東京地判平成28年4月22日税資266号など）。また，退職直前に報酬額が大幅に変更された場合やもともと報酬額が他の役員と比べて著しく異なる場合など，その役員の功績が適正に反映されていないと認められる場合には，本来の適正な報酬額を用いることになると解される。

　また，「功績倍率」の具体的数値については，比較法人における同等の地位にある役員に対するものであって，退職の事情等が類似する場合に用いられた功績倍率の平均値が基準とされる。この数値は法人の業種や規模によっても異なり得るものであり，通常は，納税者において把握することが困難であるが，一般の企業平均でいうと，おおむね2倍から3倍程度の功績倍率が採用されていることが多く，さらには，かつて最高裁判決（最判昭和60年9月17日税資146号603頁）が功績倍率3.0を支持したため，実務家の間で，「功績倍率は3倍程度が妥当」といわれることがある。しかし，過去の裁判例・裁決事例においては，功績倍率が3倍以上，3倍以下のものも多数あり，法人の業種や規模，財務状況，役員の地位，それまでの実際の功績などを踏まえて，実質的な判断をすべきことに注意が必要である。

租税弁護士の視点

　役員退職金は，経営者の引退後の生活を保障し，納税資金を確保するためにも必要な資金ですので，その功績に相応する退職金が支給されるべきです。しかし，専門家が提案する事業承継スキームの中には，役員退職金の損金算入を無理に利用しようとするものも見受けられます。経営者の退職は，当該企業にとって非常に大きな節目となるものであり，後継者に余分な納税負担をかけないためにも，退職の事実を客観的に明確にし，退職支給金額も適正な金額となるように，妥当な功績倍率となるよう慎重に検討するとよいでしょう。

設例 10	名義株と事業承継

・ Case ・

　私は運送会社を経営しています。会社を設立する際，友人の名義を借りて株主になってもらいました。会社への払込金は全て私が出したのですが，その時の友人の名義の株式がいまだに残っています。これから私の会社を息子に事業承継するに当たり，友人の名義の株式が残っていることは，何か問題となるでしょうか？

POINT

　他人の名義を借用して，株式の引受け及びその払込みがなされた株式のことを，「名義株」と呼ぶ。「名義株」は，相続・事業承継等の場面で，さまざまな問題を生じさせるため，名義株が存在する場合は，実態に合わせた名義変更を早急に行う必要がある。

■ 解　説 ■

1 「名義株」とは

　いわゆる名義株とは，他人名義を借用して，株式の引受け及びその払込みがなされた株式をいい，真実の所有者と名義上の所有者が異なる株式のことをいう。

　このような名義株が多く発生した原因として，昭和20年代から昭和30年代にかけて，多くの個人商店が法人成りしたこと，その後も法人を設立する際に商法上の規制があったことが挙げられる。すなわち，以前の商法（平成2年改正前旧商法）は，会社設立に当たり7名以上の発起人（株主となるべき者）を要求していたことから，名義貸しが多発し，名義株が大量に発生したのである。

2　名義株の問題点

　名義株が存在することにより，名義株主（あるいはその承継者）が自らを真実の株主であると主張するおそれがある。例えば，事業承継を行うに当たって，株主総会で事業譲渡や合併等の重要な決議を行う際に，名義株主への株主総会招集通知がなされなかったことについて，名義株主が株主総会決議取消事由として主張するなど，事業承継を円滑に進めることができなくなるおそれがある。

　また，相続という場面でも，名義を借りた側のオーナーに相続が発生した場合に，名義株式が相続財産に含まれるかどうかといった問題が生じる。他方，名義貸しをした者に相続が発生した場合には，会社設立時の事情を知らない相続人が，被相続人が真実の株主であったと主張することも想定される。法律上は，会社設立時に発起人として名前が記載されていたとしても，それが単に名義貸しであって実際には出資の払込みがない場合には，実質的には株主ではないといえる。しかしながら，過去に実際の払込みがなく，単なる名義貸しであったということを立証するのは容易ではなく，一般には，設立時の原始定款に発起人として記載された者が株主であると認定される可能性がある。これは相続財産の範囲をめぐって関係者間で紛争が生じる原因となりうるほか，相続税の観点からも，相続人と課税当局との間で紛争が生じる原因ともなりうる。

3　名義株を解消する方法

　名義株を解消する方法としては，①無償で名義書換えに同意してもらう方法，②真実の株主への株式譲渡，③会社への株式譲渡，④相続人等売渡請求（会社法174条），全部取得条項付種類株式（同法171条1項，108条1項7号，309条2項3号）等を用いた強制的解消方法が挙げられる。

　名義株主が存命であれば，名義株主本人は会社設立の事情を把握しているため，①名義書換えに同意してもらう方法で解決できることが多い。ただし，この場合，課税当局に「贈与」であるとみなされるとすれば，贈与税の課税問題が生じることになる。そこで，名義株主であることを客観的に裏付けるような資料を準備しておくことが望ましい。具体的には，後述のとおり，裁

判例においては，実際に資金を拠出したのが誰であるかを基準として株主の認定をされることが多く，資金の拠出に関する資料などがあるとよいと考えられる。

　これに対して，名義株主が死亡している場合は，②真実の株主への株式譲渡，③会社への株式譲渡等を選択し，相続人への解決金支払という趣旨も含め，譲渡代金を支払うこともあり得る。この場合，譲渡所得税の課税関係が生じることになるため，その負担をどのようにするかを含めて名義株主との間で協議を行う必要がある。

　さらに，名義株主側が名義書換えを拒絶する場合には，④相続人等売渡請求，全部取得条項付種類株式等を用いて，強制的に名義株式を解消することも検討する必要がある。

4　名義株に関する紛争類型

(1)　名義株主が真実の株主に対して株式の帰属を争う場合

　名義株に関する紛争類型の一つとして，名義株主が真実の株主に対して株式の帰属を争う場合が挙げられる。このような紛争について，最高裁昭和42年11月17日判決（民集21巻9号2448頁）は，名義貸与者ではなく実質上資金を拠出した引受人が真実の株主であるという基準を明示している。また，東京地裁昭和57年3月30日判決（判タ471号220頁）は，実質上の株主の認定の基準として，株主取得資金の拠出者，取得後の利益配当金や新株等の帰属状況，名義貸与者及び名義借用者と会社との関係といった考慮要素を明らかにしている。

(2)　名義株主が会社に対して株主総会における議決権行使を要求する場合

　名義株に関する紛争類型の一つとして，名義株主が会社に対して議決権の行使を要求する場合が挙げられる。これは，会社が，誰を議決権行使者として扱えば免責されるか，という問題でもあり，会社法124条1項により，名義株の真の所有者の判断基準にかかわらず，株主名簿に記載の株主を権利行使者とすれば足りる。しかし，会社側には，名義株主ではなく真実の株主であるオーナーを議決権者として取り扱いたいという要請があるため問題となる。

　会社法130条は，株主名簿に記載がない場合に，真の権利者は自らが株主であることを会社に対抗できないと規定しているが，これはあくまで会社の便宜を図るための規定であることから，会社側から，真実の株主を株主として，株主総会の議決権行使をさせること自体は許容されうる。

　もっとも，名義株主からも議決権行使を要求された場合に，真実の株主が誰であるかという立証は会社側で行うことが必要となる。また，上記のような株主名簿と異なる取扱いを行う場合においては，全ての株主に対して平等な取扱いをなすべきであり，一部の株主にのみ特別な取扱いをすることは許されない（株主平等原則，会社法109条1項）。

租税弁護士の視点

　設立してから年数が経っている会社には，名義株が存在することも珍しくありません。オーナーが名義株の存在は知りながら放置している，ということもよくある話です。たしかに，名義株の解消は取扱いが難しく，慎重に進めないと新たな紛争を引き起こすこともあります。しかし，これを放置しておくと，名義株主の相続が発生して事態が更に複雑になるおそれがあります。円滑な相続・事業承継を行うためには，名義株解消をすみやかに決断しなければなりません。

設例 11　少数株主からの株式買取りと「みなし贈与」

・ Case ・

　衣料品卸メーカー甲社を経営しています。甲社には少数株主が多数いるため，事業承継をする前に，少数株主から株式を買い取って，株式を集約しておきたいと考えています。これから各々の少数株主と交渉をして株式を買い取る際，株式の譲渡価格はどのように決定すればよいでしょうか？

POINT

　原則として，当事者間で交渉した結果合意した価格で，株式を購入することは問題ない。しかし，経営者が少数株主から株式を買い取るに当たって，その譲渡価額が「著しく低い価額の対価」（相続税法７条）と認定された場合，時価と譲渡価額の差額について，みなし贈与として，買主である経営者に対して贈与税が課税されるおそれがある。

■ 解　説 ■

1　「著しく低い価額」（相続税法７条）とは

　相続税法７条によれば，「著しく低い価額」の対価で財産の譲渡を受けた場合においては，当該財産の時価との差額に相当する金額を贈与により取得したものとみなされる。

　例えば，時価100万円の株式を，譲受価額１万円で譲り受けた場合で，その譲受価額が「著しく低い価額」と認定されたときは，時価と譲受価額の差額99万円について贈与されたものとみなされる。

| 参照 | 相続税法７条（贈与又は遺贈により取得したものとみなす場合）

　著しく低い価額の対価で財産の譲渡を受けた場合においては，当該財

産の譲渡があつた時において，当該財産の譲渡を受けた者が，当該対価と当該譲渡があつた時における**当該財産の時価**（当該財産の評価について第3章に特別の定めがある場合には，その規定により評価した価額）**との差額に相当する金額を**当該財産を譲渡した者から**贈与**（当該財産の譲渡が遺言によりなされた場合には，遺贈）**により取得したものとみなす**。ただし，当該財産の譲渡が，その譲渡を受ける者が資力を喪失して債務を弁済することが困難である場合において，その者の扶養義務者から当該債務の弁済に充てるためになされたものであるときは，その贈与又は遺贈により取得したものとみなされた金額のうちその債務を弁済することが困難である部分の金額については，この限りでない。

2　「時価」（相続税法7条）とは

それでは，「時価」（相続税法7条）とは，どのようなものか。

国税庁「相続税財産評価に関する基本通達」（財産評価基本通達）によれば，「時価」とは，「課税時期において，それぞれの財産の現況に応じ，不特定多数の当事者間で自由な取引が行われる場合に通常成立すると認められる価額」と定められている。その上で，「その価額は，この通達の定めによって評価した価額による」と定められている。このことから，少数株主から株式を買い取る際の譲渡価額を協議するに当たっては，みなし贈与課税がなされることを避けるためには，財産評価基本通達に従って算定される価額を一つの基準とすることが考えられる。

| 参照 | 財産評価基本通達（第1章　総則（財産の評価））

（評価の原則）

1　財産の評価については，次による。（平3課評2-4外改正）

　(1)　〔略〕

　(2)　時価の意義

　　　財産の価額は，時価によるものとし，時価とは，課税時期（相続，遺贈若しくは贈与により財産を取得した日若しくは相続税法の規定に

より相続，遺贈若しくは贈与により取得したものとみなされた財産の
その取得の日又は地価税法第2条《定義》第4号に規定する課税時期
をいう。以下同じ。）**において，それぞれの財産の現況に応じ，不特
定多数の当事者間で自由な取引が行われる場合に通常成立すると認め
られる価額**をいい，その価額は，この通達の定めによって評価した価
額による。

(3)　財産の評価

　財産の評価に当たっては，その財産の価額に影響を及ぼすべきすべ
ての事情を考慮する。

3　「著しく低い価額」について具体的な規定はない

　財産評価基本通達に従って算定される価額で譲渡される場合，通常，みな
し贈与課税がなされることはないと考えられる。それでは，そのような価額
をどの程度下回る場合に「著しく低い価額」としてみなし贈与課税の対象と
なるか。

　この点，「著しく低い価額」について，相続税法基本通達は，下記の規定
（参照）を定めている。しかし，「著しく低い価額」に当たるか否かの具体的
基準は定められていない。さらに，国税庁ホームページで公開されている
タックスアンサー（No.4423「著しく低い価額で財産を譲り受けたとき」〈https://
www.nta.go.jp/taxes/shiraberu/taxanswer/zoyo/4423.htm〉（2019年10月28日確認））に
おいても，「著しく低い価額の対価であるかどうかは，個々の具体的事案に
基づき判定することになります。」と述べられるのみで，具体的な基準は示
されていない。ただし，「法人に対して譲渡所得の基因となる資産の移転が
あった場合に，時価で譲渡があったものとみなされる『著しく低い価額の対
価』の額の基準となる『資産の時価の2分の1に満たない金額』により判定
するものではありません。」とも述べられており，時価の2分の1以上で
あっても「著しく低い価額」に該当する余地があるとされる。そのため，時
価を下回る価額が「著しく低い価額」に当たるか否かについては，課税庁と
納税者の間で紛争となることが多い。

参照　**相続税法基本通達第7条**
《贈与又は遺贈により取得したものとみなす場合》関係

（著しく低い価額の判定）

> 7-1　法第7条に規定する「著しく低い価額」であるかどうかは，譲渡があった財産が2以上ある場合には，譲渡があった個々の財産ごとに判定するのではなく，財産の譲渡があった時ごとに譲渡があった財産を一括して判定するものとする。（昭57直資2-177改正）

（公開の市場等で著しく低い価額で財産を取得した場合）

> 7-2　不特定多数の者の競争により財産を取得する等公開された市場において財産を取得したような場合においては，たとえ，当該取得価額が当該財産と同種の財産に通常付けられるべき価額に比べて著しく低いと認められる価額であっても，課税上弊害があると認められる場合を除き，法第7条の規定を適用しないことに取り扱うものとする。

4　「著しく低い価額」と認定された裁判例

　少数株主からの株式集約について，株式譲受価額が「著しく低い価額」として認定された裁判例として，下記の裁判例（東京地判平成19年1月31日税資257号（順号10622））がある。

参考事例　**東京地裁平成19年1月31日判決税資257号**（順号10622）

> 　甲社の代表取締役社長Xは，少数株主116人から，甲社株式を1株当たり850円〜1866円の間の価額で取得した。これらの株式譲渡価額について，課税庁は，「著しく低い価額」であるとして，「みなし贈与」の課税処分を行った。
> 　（判決要旨）
> ・甲社代表取締役Xは，甲社株式の譲渡人に比べ圧倒的優位な立場にあり，売主は売却時期やその価額等の条件を対等な立場で交渉できる関係になかった。
> ・株式集約は，Xの主導でなされ，価額が116人とX間でのせめぎ合い

により形成されたとは認められない。

• 当該価額は当事者間の主観的事情に影響を受けたものではないことをうかがわせる特段の事情は存在せず，客観的交換価値とはいえない。

• 以上により本件株式の時価は，原則どおり純資産価額の方法によるべきである。

「著しく低い価額」の対価に該当するか否かは，社会通念に従って判断すべきであり，本件譲渡価額は，1株当たり純資産価額の5.7％（平成10年），21.8％（平成11年）にすぎないので，「著しく低い価額」である。

5　低額譲受と所得税

以上は贈与税の問題であるが，少数株主から株式を買い取った経営者は，その後さらに第三者に当該株式を譲渡することもある。その場合，譲渡所得の額を計算するに当たって，株式の取得費が問題となる。

まず，買取りの際の譲渡価額が時価を多少下回るものであっても，「著しく低い価額」とはいえない場合，実際に合意された価額が取得費となる。これに対して，当該価額が「著しく低い価額」と認定される場合，売主に対してみなし贈与課税がなされることは上述のとおりであるが，所得税の観点からは二つのパターンがありうる。

①　譲渡価額が時価の2分の1未満で，かつ，譲渡人に譲渡損が発生する場合

この場合，譲渡価額と時価との差額についてみなし贈与課税がなされうるが，所得税の観点からは，譲渡人において譲渡損は生じなかったものとみなされ（所得税法59条2項），取得費は譲受人に引き継がれることになる（同法60条1項2号）。例えば，時価100万円の株式のもともとの取得費が50万円であり，これを時価の2分の1未満である30万円で譲渡する場合，譲渡人において本来生じるはずの20万円の譲渡損はなかったものとみなされ，譲受人が50万円の取得費をそのまま引き継ぐことになる。そして，その後，100万円で第三者に譲渡するとすれば，その時点で50万円の譲渡益が生じ，所得税の課税対象となる。

②　上記以外の場合

　この場合も，譲渡価額と時価との差額についてみなし贈与課税がなされうるが，譲渡所得税を計算するに当たっては，原則どおり，実際の譲渡価額が基礎となる。例えば，先ほどの例と同様，時価100万円の株式のもともとの取得費が50万円であり，これを70万円で譲渡する場合，みなし贈与課税がなされうるが，譲渡所得税としては，譲渡人において20万円の譲渡益に対する課税がなされ，譲受人においては株式の取得費が70万円となる。したがって，その後，100万円で第三者に譲渡するとすれば，その時点で30万円の譲渡益が生じ，所得税の課税対象となる。

租税弁護士の視点

　上記のとおり，株式の譲渡においては，株式譲渡価額が「著しく低い価額」に当たらないように注意する必要があります。相続税法における株価評価の原則的方法は純資産価額法ですので，純資産価額法による株価を主要な基準の一つとして，それを大幅に下回らないように注意すべきです。株式集約を行う場合は，事前に，相続税評価における株価評価を必ず行い，年度をまたいで株式集約を行う場合は，それぞれの年度の株価評価も行っておいた方がよいでしょう。

第2 親族外承継

| 設例 12 | SPC(特別目的会社)を利用したMBOによる事業承継 |

・Case・

　私は，電子部品製造会社を経営していますが，親族に後継者となるべき者がいません。そこで，長年一緒に経営に携わってくれた副社長に，会社を譲ろうと考えています。ただ，副社長はそれほど資金を持っていないため，私の保有する株式を，個人で買い取ることができません。

　このような場合，私はどのようにして，副社長に会社を譲ればよいのでしょうか？

POINT

　役員に会社を承継する方法として，MBO（Management Buy-Out，経営陣による企業買収）という手法がある。MBO では，会社の事情をよく知る役員に，事業を引き継がせることができる。しかし，会社を承継する役員は，オーナーから株式を買い取るための資金を調達しなければならない。そこで，会社を承継する役員が，SPC（特別目的会社）を設立し，その SPC が金融機関から融資を受けることで，オーナーの保有株式を買収する資金を確保することができる。なお，この借入金については，対象会社を存続会社として SPC と合併した後，対象会社が自己の借入金債務として返済を行う。

▓解　説▓

1　MBO のメリット

　事業承継の方法の一つとして，社内の役員に承継させる MBO がある。なお，株式を購入する者が従業員の場合は，「EBO（Employee Buy-Out）」と呼

ばれ,「従業員買収」と訳される。また,経営陣と従業員が一緒に株式を購入する場合は「MEBO」と呼ばれる。

　MBO は,会社内の事情をよく理解している役員が事業承継するため,社外の第三者に株式を売却する場合と比べ,スムーズに承継を進めやすいという利点がある。既存の役員に会社を承継する場合,オーナーは役員の中で経営能力の高い人を後継者に選出することができ,後継者がリーダーシップを発揮できる。また,会社の内情に詳しい者が後継者となることで,従業員や取引相手などのステークホルダーに安心感を与えることもできる。

2　資金調達のための SPC 設立

　中小企業の事業承継の場合,オーナーからの株式買取価格は数千万円から数億円程度に達することも多い。そのため,役員個人では株式買取資金を準備することができないのが通常である。そこで,受皿会社となる SPC(特別目的会社)を設立し,現オーナーがその受皿会社に株式を譲渡するという方法がよく使われる。

　SPC とは「Special Purpose Company」の略で,「特別目的会社」と訳される。MBO・EBO に当たって設立される SPC は,「資金調達」という特別目的のためだけに設立をされる法人である。SPC を設立することにより,役員は個人の信用だけではなく,法人としての信用も利用して金融機関から資金調達ができるようになる。

3　SPC を用いて事業承継する手順

　SPC を用いた事業承継は,下記の①〜④の手順で進められる。

> ①　SPC の設立
> ②　金融機関から SPC への融資
> ③　SPC が対象企業の株式を購入
> ④　SPC と対象企業を合併

①　SPC の設立

　事業承継をする役員・従業員が,SPC を設立する。なお,SPC(特別目

的会社）はいわゆるペーパーカンパニーであるが，法人であるため当然ながら各種届出や税務申告などが必要となる。

②　金融機関から SPC への融資

②は資金調達が成功するか否かの最も重要なポイントである。金融機関は，対象企業の将来性・財務体質，事業承継をする側の事業計画などを吟味し，融資した資金を回収できるかどうかを判断する。資金繰り・返済計画については具体的なシミュレーションが必要となる。また，金融機関からの融資を受ける際には，SPC を設立した役員・従業員個人の連帯保証を求められる可能性が高い。

なお，資金調達の方法の一つとして，LBO（レバレッジド・バイ・アウト：Lveraged Buy-Out）という手法が使われることもある。LBO は，対象企業の資産価値や将来キャッシュフローを担保にして借入金を調達し企業を買収する方法である。LBO を利用する場合，SPC が金融機関との間で金銭消費貸借契約を締結するが，この借入金は対象会社の事業収益から返済することになるため，以下のような内容の条項が設けられることが多い。

条項例

「一定額以上の財産の購入や処分，契約の締結など，経営の重要事項については金融機関の承諾を得ることを義務付ける。」
「売上高，営業利益，経常利益，EBITDA について，一定の数値目標を設定する。」

③　SPC が対象企業の株式を購入

SPC が，②で調達した資金を使って，オーナーから対象企業の株式を購入し，対象企業の経営権を獲得する。なお，この場合，株式の時価評価をしっかりと行い，低額譲渡とならないように気を付ける必要がある（**事例11**参照）。また，オーナーには，株式譲渡による譲渡益課税がなされるため，事前の税額シミュレーションも必要となる。

④　SPC と対象企業を合併

最後に，対象企業を存続会社として，SPC と対象企業を合併する。そして，合併後は，対象企業が，SPC の金融機関に対する借入金を返済することで，一連の流れが完結する。

租税弁護士の視点

　SPC を利用した MBO の場合，① SPC の設立，②金融機関との金銭消費貸借契約の締結，③株式の譲渡，④ SPC と対象会社の合併など，弁護士の助力が必要となる法務が多く発生します。また，株式譲渡における株価評価・税額シミュレーション，金融機関に提出する事業計画・返済シミュレーションなど，税理士・会計士の助力が必要となる作業もあります。さらに，後継者の経営が軌道に乗るまでのコンサルティングも必要です。

　MBO により後継者となる方は，それぞれの処理について弁護士・税理士・経営コンサルタント等と密に連携・相談しながら，事業承継を実行することをお勧めします。

設例13 ｜ 組織再編税制の活用

・ Case ・

　私は，小売販売業を営むグループ企業のオーナーです。このグループ企業には，小売販売事業を統括する本社があります。約10年前から，本社が，事業形態の異なる小売販売子会社3社を，100％子会社として保有しています。

　本社は黒字続きで，3社の子会社のうちA社とB社も黒字が続いているのですが，C社だけが赤字続きで，繰越欠損金が約5000万円にまで達しています。しかし，C社は収益性の高いビルを保有しており，ビルの簿価は3億円ですが，時価が4億円にまで値上がりしたため，ビルの含み益が1億円に達しています。

　今回，事業承継を検討するに当たり，本社と子会社のグループ再編も実行したいと思うのですが，具体的にはどうすればよいでしょうか？

POINT

　組織再編税制を活用し，繰越欠損金がある子会社を本社に吸収合併し，子会社の繰越欠損金を本社に引き継がせることで，税務メリットを得ることが考えられる（法人税法57条2項）。また，組織再編税制における適格合併（同法2条12号の8）に該当すれば，被合併法人の資産を簿価で引き継ぐことができるため（同法62条の2），法人税・住民税・事業税といった課税が生じずに，含み益を本社に移転させることができる。

■ 解　説 ■

1　組織再編税制とは

　組織再編税制とは，企業間で行われる合併，会社分割，株式交換，株式移転，現物出資，現物分配に係る税務上の取扱いについて定めた税制である。法人税法上，組織再編成は，適格要件（法人税法2条12号の8，2条12号の11

ないし12号の17）を具備しているか否かにより，税制上適格となって課税繰延べなどの特例措置を受けることができる「適格組織再編成」とそうではない「非適格組織再編成」とに分類される。

　このうち，適格組織再編成とは，基本的には，組織再編成前後で資産に対する実質的支配が変更しない場合に，法人税法上，組織再編成に伴う資産移転について課税を繰り延べることができる組織再編成を指す。この点，その制度趣旨につき，組織再編税制の立法当時の解説によれば，「組織再編成による資産等の移転が形式と実質のいずれにおいてもその資産を手放すものであるときは，その資産等の譲渡損益の計上を求め，他方，その移転が形式のみであるときは，その資産等の譲渡損益の計上を繰り延べることができると考えられることによる」とされている（藤本哲也＝朝長英樹「改正税法のすべて法人税法の改正」税協600号134頁）。

2　適格組織再編成の分類

　「適格組織再編成」は，①「企業グループ内の組織再編成」と②「共同事業を行うための組織再編成」の二つに分類される。

①「企業グループ内の組織再編成」

　「企業グループ内の組織再編成」は，既に支配関係がある法人間で行われる組織再編成で，

　　①－1「完全支配関係（資本関係100％）がある法人間の組織再編成」

　　①－2「支配関係（資本関係50％超100％未満）がある法人間の組織再編成」

に分類される。

②「共同事業を行うための組織再編成」

　「共同事業を行うための組織再編成」は，上記①「企業グループ内の組織再編成」には該当しない組織再編成で，資産の移転の対価として取得した株式を継続保有する等の一定の要件を満たす場合に，再編後も移転資産に対する支配が継続していると評価できるものである。

3　適格組織再編成の効果

　適格組織再編成の効果のうち重要なものは，①資産負債の簿価による引継

ぎと，②被合併法人等の繰越欠損金の引継ぎである。

①　資産負債の簿価による引継ぎ（法人税法62条の2，62条の3，62条の4）

「非適格組織再編成」に該当すると，原則として，組織再編成により移転する資産について，時価により移転があったものとして譲渡損益が計上される（法人税法62条）。これは，資産の含み益が実現することを意味し，組織再編成を実行する際の資産移転について法人税・住民税・事業税が課税されることとなる。

一方で，「企業グループ内の組織再編成」や「共同事業を行うための組織再編成」などのような「適格組織再編成」に該当すると，組織再編成により移転する資産の譲渡損益計上が繰り延べられる（法人税法62条の2，62条の3，62条の4）。これは，前述の立法趣旨解説にもあるとおり，「適格組織再編成」の場合，資産等に対する経済的支配という点で実質的な変更がなく，組織再編成に伴う資産負債の移転において資産等の簿価による引継ぎが認められることによるものである。

②　被合併法人等の繰越欠損金の引継ぎ（法人税法57条2項）

適格合併（法人税法2条12号の8）に該当する場合，被合併法人の繰越欠損金を引き継ぐことができる（同法57条2項）。

ただし，合併等によりグループ化される前に生じた欠損金について無条件に引継ぎを認めると租税回避の目的に濫用されるおそれがあるため，グループ化後5年以内の繰越欠損金の引継ぎについては，みなし共同事業要件（法人税法施行令112条3項）として，合併事業と被合併事業の事業関連性要件を満たした上で，事業規模要件又は特定役員引継要件のいずれかを満たさない限り，一定の制限がなされる（法人税法57条3項）。さらには，移転資産の含み損益に関する一定の利用制限（特定資産譲渡等損失の損金不算入，同法62条の7）もある。

なお，これらの制限は，いわゆる逆さ合併による制限回避を防止するため，被合併法人が有していた繰越欠損金や含み損益のみならず，合併法人が有していた繰越欠損金や含み損益にも適用がありうるので，注意が必要である。

4　適格組織再編成の要件

　上記2で述べた，①－1「完全支配関係（資本関係100％）がある法人間の
組織再編成」，①－2「支配関係（資本関係50％超100％未満）がある法人間の
組織再編成」，②「共同事業を行うための組織再編成」は，組織再編成前の
資本関係における支配関係が強い順で並んでおり，これは組織再編成におい
て移転する資産への支配力の強い順と考えることができる。

　そのため，組織再編成における移転資産への支配の程度により適格か否か
を判断する組織再編税制において，上記の並び順であれば，後になればなる
ほど適格要件が厳しく，すなわち要件が多くなる。

　適格要件の概要は以下のとおりである。

①－1「完全支配関係（資本関係100％）がある法人間の組織再編成」

* 金銭等不交付要件のみ（法人税法2条12号の8・柱書）

　　合併であれば，合併交付金を交付することにより，非適格合併とな
る。これは，合併交付金の交付により，資本の変動だけではなく，資
産等に対する経済的支配について変動が生じていると考えられるから
である。

①－2「支配関係（資本関係50％超100％未満）がある法人間の組織再編成」

　ア）金銭等不交付要件

　イ）従業者引継要件（法人税法2条12号の8・ロ(1)）

　　合併であれば，被合併法人の合併直前の従業者のうち，その総数の
おおむね100分の80以上に相当する者が，合併後に合併法人の業務
に従事することが見込まれている必要がある。これは，従業者に大幅
な変動がある場合，組織再編成により経済的実態に大幅な変動があっ
たとみなされ，資産等に対する経済的支配にも変動があったとみなさ
れるからである。

　　なお，「従業者」とは，「従業員」だけでなく，取締役・監査役・派
遣社員・アルバイト・パート等も含み，逆に「従業員」であっても他
社に出向している者は，被合併法人に従事していないため「従業者」

から除外される（法人税法基本通達1-4-4）。

ウ）事業継続要件（法人税法2条12の8・ロ(2)）

　　支配関係での適格合併要件を満たすためには，被合併法人が合併前に行う主要な事業が合併後に合併法人において引き続き行われることが見込まれている必要がある。これは，事業が継続されない場合には，資産等に対する経済的支配に変動があったとみなされるからである。

②「共同事業を行うための組織再編成」

　事業承継においては，「共同事業を行うための組織再編成」を行うことは稀であるので，下記の適格要件を挙げるのみにとどめる。

ア）金銭等不交付要件

イ）従業者引継要件

ウ）事業継続要件

エ）事業関連性要件

オ）事業規模要件又は特定役員引継要件

カ）株式継続保有要件

租税弁護士の視点

　グループ企業のオーナーが事業承継を考える場合，経営的判断からどのようなグループを形成すべきか，組織再編に伴う法務・税務・会計上の問題は何か，事業承継をスムーズに行うためにはどのようなグループ形態が最適か，といった多角的な視点から検討する必要があります。特に，組織再編税制については，適格要件を満たすか否かで，税務上の効果が大きく異なりますので，組織再編の実行に当たっては税理士や弁護士などの専門家によるサポートが重要となります。

設例14　事業承継における合併

> ・ **Case** ・
>
> 　Aは，食肉卸業を営む甲株式会社（以下，「甲社」という。）を経営しています。甲社の代表取締役はAであり，Aが甲社株式の70％を，Aの妻であるBが甲社株式の20％を，Aの弟であるCが甲社株式の10％を保有しています。
>
> 　Aは還暦を迎えたため，そろそろリタイアして事業を誰かに引き継ぎたいと考えていますが，親族や従業員の中に適切な後継者がいません。そこで，Aは，甲社の大口取引先として友好的な関係を長年築いてきた，焼肉レストラン業を営む乙株式会社（以下，「乙社」という。）と甲社を合併しようと考えています。事業承継策としての合併において特に注意すべき点は何でしょうか？

POINT

　事業承継策として，合併が用いられることがある。株式譲渡・事業承継等と比較して，メリット・デメリットがあり，手段として採用するかどうか事前検討が必要である。合併においては，消滅会社の役員・従業員の処遇が，事業承継を成功させる重要なポイントとなるため，それらの点について合併契約に任意的記載事項として盛り込む必要がある。また，合併に関する紛争を避けるため，少数株主に対する説得や合理的根拠の開示が重要である。

■解　説■

1　事業承継における合併の利用

　このような甲社の事業承継策として，甲社と乙社の合併が考えられる。

　合併とは，二つ以上の会社が合一して一つの会社になることである。合併には，吸収合併と新設合併がある。

吸収合併とは，当事会社のうち1社（存続会社）が合併後も存続し，合併により消滅する他の当事会社（消滅会社）から権利義務の一切を承継するものをいう（会社法2条27号）。

新設合併とは，全ての当事会社が合併により消滅し，その権利義務の一切を合併により新たに設立する会社（設立会社）が承継するものをいう（同条28号）。

このうち新設合併は，当事会社の法人格がいずれも消滅し取得していた営業等の許認可が失われてしまう等の理由から，事業承継の場面ではほとんど利用されていない。以下では，甲社を消滅会社，乙社を存続会社とする，通常の吸収合併による事業承継を検討していく。

2 合併のメリットとデメリット

事業承継策として，合併のほかに，株式譲渡による100％子会社化，事業譲渡等がある。これらの手段と比較しながら，合併のメリット・デメリットについて述べる。

(1) メリット

ア 事業承継を行う側が，消滅会社の全株式を保有する必要がない

甲社の全ての事業を乙社に全て承継させようとする場合，株式譲渡によって甲社を乙社の100％子会社にするには，全ての甲社株式を譲渡できる状態にしなければならない。そのため，事前に消滅会社の株式を全て譲渡できるように集約させておく必要がある。

しかし，合併であれば，甲社株主総会特別決議による合併承認を得られるだけの株式（総議決権の3分の2以上）を保有していれば，吸収合併を実行することが可能であるため，上記のような株式集約は必要ない。

イ 取引先等との債権債務関係を個別に移転させる必要がない

事業譲渡の場合，別個の法人間で事業を譲渡するだけであり，事業譲渡とともに包括的に権利義務が承継されるわけではない。そのため，事業上の債権債務は，債権譲渡や債務引受等といった方法で，個別に，甲社から乙社に移転・承継させる必要がある。

しかし，合併であれば，消滅会社である甲社の全ての権利義務を，存続

会社である乙社に包括承継するので，事業上の債権債務を，個別に移転・承継させる必要がない。

ウ　消滅会社の株主が，合併対価を直接取得できる

事業譲渡の場合，その対価は事業譲渡をした会社が得るのであって，会社の株主が直接対価を取得することはできない。

しかし，合併であれば，合併の対価を消滅会社の株主が直接得ることができる。合併対価を金銭にすれば，消滅会社の株主は，合併によってリタイア後の生活資金を直接得ることができる。

(2) デメリット

ア　簿外債務や偶発債務も承継されるリスクがある

株式譲渡や事業譲渡の場合，甲社が負っている簿外債務や偶発債務を，当然に乙社が承継することはない。

しかし，合併の場合は，消滅会社の権利義務は包括的に存続会社に承継されてしまうので，消滅会社の簿外債務や偶発債務も全て承継されてしまうリスクがある。そのため，存続会社から厳格なデューデリジェンスを求められ，そのようなリスクを払拭できない場合は，合併対価を低く抑えられてしまうおそれがある。

イ　法定の手続を踏む必要があり，一定の期間が必要となる

株式譲渡の場合，甲社の全株主と乙社の間で株式譲渡契約が締結できれば，最短1日で甲社を乙社の100％子会社にすることができる。

しかし，合併の場合，法定の手続を履践する必要があるため，通常合併による事業承継が完了するまでに，最短でも1か月以上はかかることを想定しておかなければならない。

3　吸収合併の手続

(1) 合併契約の締結

吸収合併を行うには，まず消滅会社と存続会社の間で吸収合併契約を締結することが必要である（会社法748条，749条）。取締役会設置会社では，合併交渉の開始及び合併契約の締結は「重要な業務執行」（同法362条4項柱書）に当たるので，取締役会の承認が必要となる。

第1章

第2章……各論

第3章

合併契約の締結に至る交渉の過程であるが，まず当事会社間で守秘義務契約を締結する。次いで，当事会社の意思を確認するための基本合意書と呼ばれる書面を作成し，対象会社に対する詳細な財務・会計・法務・税務に関する専門家によるデューデリジェンスが行われる。そのデューデリジェンスによって得られた情報を基に，合併契約の交渉・締結が行われる。

吸収合併契約の内容としては，法定記載事項（会社法749条1項1号～6号）を定めなければならないが，その他の事項については任意で定めることができる。合併対価の内容として，存続会社の株式や社債などのほか，吸収合併においては金銭やその他の財産も対価とすることができる（同条1項2号ホ）。法定記載事項のうち，特に注意が必要なのは，会社法749条1項3号の合併対価の割当て（合併比率）であり，合併比率をめぐっては，会社と株主の間で紛争が生じることが多いため，合理的な根拠に基づいて慎重に定める必要がある。

(2) 事前の開示

合併は，当事会社の利害関係人に重大な影響を与える。そのため，合併に関する重要な情報は，利害関係人に対して，事前に提供されなければならない。その情報は，株主にとっては，株式買取請求や合併差止請求を行うか否か，会社債権者にとっては債権者異議手続を行うか否かの判断を行うために必要な情報となる。

吸収合併では，消滅会社は，吸収合併契約備置開始日から効力発生日後6か月を経過する日までの間，会社法施行規則182条の事前開示事項を記載した書面又は電磁的記録を本店に備え置くことが必要である（会社法782条，同施行規則182条）。

また，存続会社においては，同備置開始日から効力発生日後6か月を経過するまでの間，会社法施行規則191条の事項を記載した書面又は電磁的記録を本店に備え置くことが必要である（会社法794条，会社法施行規則191条）。

(3) 株主総会の承認

吸収合併の各当事会社は，合併の効力発生日の前日までに，それぞれの当事会社の株主総会の特別決議による合併契約の承認を受ける必要がある（会社法783条1項，795条1項，309条2項12号）。特別決議では，議決権の過半数

を有する株主が出席し，出席した株主の議決権の3分の2以上の賛成を得ることが必要である（同法309条2項柱書）。

　なお，取締役会設置会社では，株主総会の招集に当たって，取締役会において，株主総会に提出する合併議案の概要を決定しなければならない（会社法298条1項5号・4項）。

(4)　反対株主の株式買取請求

　合併は，当事会社の株主に重大な影響を与える可能性があるため，合併に反対する株主について，すでに投下した資本を回収して会社との利害関係から離脱できる機会を与える必要がある。そこで，通常合併の場合，反対株主には，会社に対して自己の保有株式を「公正な価格」で買い取ることを請求する権利が与えられている（会社法785条，797条）。

　吸収合併の各当事会社は，吸収合併の効力発生日の20日前までに，株式買取請求の対象となる株主に対して，当該吸収合併を行う旨を通知又は公告しなければならない（会社法785条3項・4項，797条3項・4項）。

　反対株主は，株主総会に先立って合併に反対する旨を会社に対して通知し，株主総会において実際に合併に反対すれば（会社法785条2項1号イ，797条2項1号イ），吸収合併の効力発生日の20日前から効力発生日の前日までの間に，株式買取請求を行うことができる（同法785条1項5号，797条1項5号）。

　株式の買取価格については，株主と当事会社との間で吸収合併の効力発生日から30日以内に協議が調えば，その価格が買取価格となる。他方で，協議が調わない場合には，当事会社又は反対株主が当該協議期間満了日後30日以内に裁判所に対して価格決定を申し立てることで，裁判所が「公正な価格」を決定する（会社法786条2項，798条2項）。

(5)　債権者異議手続

　吸収合併の効果として，消滅会社の権利義務関係が包括に存続会社に承継される。そのため，合併は，合併当事会社の債権者にとっては，債権の回収可能性に大きな影響を与えるおそれがある。

　消滅会社の債権者にとっては，債務者を同意なく変更される結果となり，また，存続会社の債権者にとっても，債務者が他社の債務を全て引き受けて財政状況を悪化させるおそれがある。そこで，各当事会社の債権者には吸収

合併について異議を述べる機会（債権者異議手続）が与えられている（会社法789条1項1号，799条1項1号）。

　各当事会社は，対象の債権者に対して，合併に異議があれば一定期間（最低でも1か月）内に異議を述べるべき旨を公告し，かつ知れている債権者に対して個別に催告を行う必要がある（会社法789条2項，799条2項）。

　債権者が期間内に異議を述べた場合，当事会社は，合併によって当該債権者を害するおそれがない場合を除き，①弁済，②相当の担保の提供，③当該債権者に弁済を受けさせることを目的とした相当の財産の信託のいずれかを行う必要がある（会社法789条5項，799条5項）。吸収合併においては，債権者保護手続を完了していなければ合併の効力が発生しないので（750条6項），慎重に手続を履践する必要がある。

(6) 事後の情報開示

　株主及び債権者の保護は，合併の効力発生後も必要である。存続会社は，合併の効力発生後遅滞なく，会社法施行規則200条の定める事項を記載した書面又は電磁的記録を作成し，効力発生日から6か月間，本店に備え置かなければならない（会社法801条，同施行規則211条）。

| 文例 | 合併契約書 |

合 併 契 約 書

　株式会社○○○○（本店○○○○。以下，「甲」という。）と株式会社△△△△（本店△△△△。以下，「乙」という。）とは，次のとおり合併契約を締結する。

（合併）
第1条　甲及び乙は，甲を存続会社，乙を消滅会社として合併する。

（合併対価の交付及び割当て）
第2条　甲は，合併に際して，普通株式○○○○株を発行し，第4条に

定める効力発生日前日最終の乙の株主名簿に記載された乙の株主に対
して，乙株式1株に対して，甲株式○○○○株の割合で割当交付する。

（増加すべき資本金及び準備金の額等）
第3条　合併により増加すべき甲の資本金及び資本準備金の額等に関す
　　る事項は，次のとおりとする。
　　1．資本金　　　　金○○円
　　2．資本準備金　　金○○円
　　3．資本剰余金　　会社計算規則に従い甲が定める

（効力発生日）
第4条　合併の効力発生日（以下，「効力発生日」という。）は，令和○
　　○年○○月○○日とする。ただし，本件合併の手続進行上の必要性そ
　　の他の事由により必要な場合には，甲及び乙協議し合意の上，これを
　　変更することができる。

（株主総会の承認）
第5条　甲及び乙は，効力発生日の前日までに，それぞれの株主総会に
　　おいて，本件合併に必要な決議を求める。ただし，本件合併の手続進
　　行上の必要性その他の事由により変更が必要な場合には，甲及び乙協
　　議し合意の上，これを変更することができる。

（会社財産の管理等）
第6条　甲及び乙は，本契約締結後効力発生日に至るまで，善良なる管
　　理者としての注意をもってそれぞれの業務の執行及び財産の管理，運
　　営を行い，その財産及び権利義務に重大な影響を及ぼす行為を行おう
　　とする場合には，あらかじめ甲及び乙協議し合意の上，これを行うも
　　のとする。

（従業員の処遇）

第7条　甲は，効力発生日における乙の雇用する全従業員を甲の従業員
　　として引き続き雇用する。

（合併条件の変更及び合併契約の解除）
第8条　本契約締結後効力発生日に至るまでの間において，天災地変そ
　　の他の事由により，甲若しくは乙の財政状態若しくは経営成績に重大
　　な変動が生じた場合，又は合併の実行に重大な支障となる事態が生じ
　　た場合には，甲及び乙協議し合意の上，合併条件を変更し又は本契約
　　を解除することができる。

（本契約書に規定外の事項）
第9条　本契約書に定めるもののほか，合併に関し必要な事項は本契約
　　の趣旨に従って甲及び乙が協議し合意の上，これを決定する。

　　本契約の成立を証するため，契約書2通を作成し，甲乙記名押印の上，
各1通を保有する。

令和○年○月○日

　　　　　　　　　　　　　　甲　○○○○
　　　　　　　　　　　　　　株式会社○○○○
　　　　　　　　　　　　　　代表取締役　○○○○　印

　　　　　　　　　　　　　　乙　△△△△
　　　　　　　　　　　　　　株式会社△△△△
　　　　　　　　　　　　　　代表取締役　△△△△　印

租税弁護士の視点

1　合併契約において実務上定めるべき任意的記載事項

　事業承継を行う上で，役員および従業員の処遇は重要なポイントとなるため，合併契約の任意的記載事項として，役員退職金および従業員の引継ぎに関する規定を定める必要があります。

　(1)　役員に対する退職慰労金

　消滅会社の役員で，合併後に存続会社の役員とならない者については，役員退職慰労金に関する規定を定めます。

【規定例】

第○条　甲社（吸収合併消滅会社）の取締役の退職慰労金については，事前に乙社（吸収合併存続会社）と甲社とで協議し合意の上，甲社の株主総会の決議に基づき，効力発生日までに甲社が支払う。

　(2)　従業員の引継ぎ

　合併では，消滅会社の権利義務が存続会社に包括承継されるので，消滅会社と従業員の間の労働契約関係も当然に存続会社に承継されます。しかし，これは従前の労働条件が引き継がれることを意味し，存続会社の労働条件に一致するわけではないので，事前に労働条件に関する調整規定が必要となります。

【規定例】

第○条　乙社（吸収合併存続会社）は，本件合併の効力発生日における甲社（吸収合併消滅会社）の従業員を引き継ぐものとし，甲社および乙社双方の従業員の労働条件の相違については，必要に応じて調整を行うものとする。

2　合併に伴う紛争のリスクとその対応

　(1)　株主による差止請求

　株主には，一定の場合に吸収合併の効力発生までに合併の差止めを請求する権利が与えられています。差止請求には，取締役の行為の差止請求（会社法360条）と，組織再編行為の差止請求（同法784条の2，796

条の2）があります。いずれも，上記の合併手続に法令又は定款違反が
あることを理由として差止請求が行われる可能性があるので，合併手続
の履践には細心の注意が必要です。

　合併比率が不当であることを理由に差止請求できる場合は限定されて
いますが，会社に「著しい損害」を発生させるおそれがあるといえる場
合は，取締役の行為の差止請求が行われる可能性があります。また，合
併手続において株主総会を要しない略式組織再編手続の場合は，組織再
編行為の差止請求が行われる可能性があります。

（2）無効の訴え

　吸収合併の効力発生後においては，その効力を失わせる手段は吸収合
併無効の訴え（会社法828条1項7号）に限られます。吸収合併無効の訴
えは，合併の効力発生日から6か月以内に（同号），消滅会社の株主で
あった者，存続会社の株主，吸収合併について承認しなかった債権者な
どから提起される可能性があります（会社法828条2項7号）。

　無効が認められる理由は，合併手続に「重大」な違反がある場合とさ
れており，合併手続の履践について「重大」な違反が生じないように，
細心の注意が必要です。

　合併比率の不当性について，不当であるだけでは無効事由にならない
という裁判例があります（東京高判平成2年1月31日資料版商事法務77号
193頁）。ただし，株主総会において特別利害関係人の議決権行使によ
り不当な合併比率条件が承認されている場合には，決議取消事由となり
（会社法831条1項3号），無効事由にもなると解されています。

（3）反対株主の株式買取請求における「公正な価格」の争い

　反対株主の株式買取請求において買取価格の協議が調わない場合には，
当事会社又は反対株主の申立てによって，裁判所が「公正な価格」を決
定します。株式買取請求の趣旨は，前述のとおり，反対株主に投下資本
回収の機会を与えることにあります。

　しかし，実際には，それまで不当に扱われてきた少数派株主が，多数
派株主と争うための手段として用いるケースが見受けられます。このよ
うな場合，株式買取請求および株式価格決定申立てという手段で，少数

株主から激しく争われることが予想されます。

　本件事例においても，少数派株主であるCが，外部の乙社への事業承継を好ましく思っていないような場合，株式買取請求および株式価格決定申立てという手段で争ってくるおそれがあります。そのような事態を避けるため，合併を実行する前に，可能な限り少数株主の理解を得て，合併比率などにおいても少数株主から承認してもらえるような合理的根拠をそろえておく必要があります。

| 設例 15 | 中小企業 M&A（株式譲渡） |

<hr>

• Case •

　清掃業を営んでいます。親族に後継者がいないため，第三者に会社を譲ろうかと考えていますが，どのように譲渡先を見つければよいかが分かりません。企業を譲渡する際のマッチングは，具体的にどのように行われるのでしょうか？

POINT

　中小企業の M&A においては，独力では企業譲渡先を見つけることができない場合も多い。そのような場合は，M&A 仲介会社に依頼をして，企業譲渡先を探索してもらわなければならない。M&A 仲介会社は，企業譲渡先の探索から，M&A のクロージングまでサポートしてくれるので，独力で企業譲渡を行うより，スムーズに M&A を実行することができる。

■ **解　説** ■

1　譲渡企業側の M&A フロー：全体の工程一覧（株式譲渡の場合）

① 初期相談
② M&A 仲介契約
③ ノンネーム・企業概要書作成
④ 情報登録・候補先選定
⑤ 候補先選定とネームクリア
⑥ 候補企業と秘密保持契約
⑦ トップ面談
⑧ 意向表明の授受・譲受企業の選定
⑨ 基本合意書
⑩ デューデリジェンス

⑪　株式譲渡契約

2　譲渡企業側のM&Aフロー：各工程の説明

①　初期相談

中小企業M&Aにおいては，オーナー個人のライフプランへの影響を十分に配慮する必要がある。そこで，譲渡企業のオーナーとM&A仲介会社の間で，企業譲渡の理由と企業譲渡後のライフプランを確認し，その上で，譲渡価格や譲渡後の当該企業との関わり方などの譲渡条件についての希望を確認する。この時点で，M&Aスケジュールの調整も行う。

②　M&A仲介契約

オーナーとM&A仲介会社の間で，企業譲渡の意思について最終確認をする。企業譲渡の意思が確認されたら，M&A仲介契約を締結する。M&A仲介契約においては，仲介業務の範囲と責任，仲介報酬の基準などが規定される。

③　ノンネーム・企業概要書作成

M&A仲介会社は，オーナーに対して，譲渡企業の基本情報を確認するため，インタビューシート（後掲資料1）に基づいて，インタビューを行う。そのインタビューシートを前提にして，M&A仲介会社が作成した必要書類リスト（後掲資料2）の書類を，オーナーが準備する。

M&A仲介会社は，企業名が特定されない企業概要情報が記載されたノンネームシート，企業概要書（後掲資料3）を作成する。また，オーナーとM&A仲介会社は，株式譲渡，会社分割，合併など，企業譲渡スキームについても打合せを行う。

④　情報登録・候補先選定

M&A仲介会社は，ノンネームシートの情報を，M&Aの情報ネットワークに登録する。情報登録後に，関心を示した譲受候補企業の中から，譲受候補として適切な企業を洗い出す。企業譲渡後のシナジー効果があるか，譲渡条件に適しているか，などを分析する。M&A仲介会社は，譲受希望企業の一覧（ロングリスト）から，有力候補先のリスト（ショートリスト）を作成する。

⑤　**候補先選定とネームクリア**

　M&A 仲介会社は，作成したショートリストの中から，情報開示先の優先順位を検討し，候補先企業に企業名を伝えてよいかどうかをオーナーに確認する。その後，M&A 仲介会社が，譲受候補企業に譲渡の提案を行う。

⑥　**候補企業と秘密保持契約**

　M&A 仲介会社は，候補企業との間で秘密保持契約を締結した上で，企業概要書を提示する。譲受候補企業は，企業概要書を検討した上で，M&A 仲介会社との間で仲介契約を締結する。

⑦　**トップ面談**

　M&A 仲介会社が，譲渡企業・譲受候補企業の双方と打合せを行い，トップ面談を調整する。トップ面談においては，双方の企業のトップ（若しくは責任者）が直接面談して，経営方針・M&A 後の展望などを確認する。トップ面談で破談になるケースもあるため，トップ面談の事前調整が重要となる。また，トップ面談の十分なアフターケアも，M&A 実行においては重要である。

⑧　**意向表明の授受・譲受企業の選定**

　譲渡条件については，譲受企業からの追加提案・修正要望も聞き，譲渡企業側がそれを受諾するかどうかを検討する。オーナーと M&A 仲介会社で，譲渡条件について大枠で合意できるかどうかを模索する。譲受候補企業が複数の場合は，それぞれの譲渡条件について検討した上で，最終交渉企業を決定する。

⑨　**基本合意書**

　最終的な株式譲渡契約の前に，M&A に関する基本合意書を締結する。基本合意書の条項の中には，法的拘束力が発生するものと，単なる努力規定などが混在する場合もある。そのため，合意書の記載事項については，十分に確認する必要がある。

　また，デューデリジェンスを行う際，一定の社員に対しては，M&A に関する情報を開示する必要がある。そこで，情報開示が可能な役員・従業員等を確定しておく。

⑩　デューデリジェンス

　企業概要書の内容が実態にあっているかどうか，簿外債務や法的リスクが存在しないかどうかを確認する必要がある。

　しかし，中小企業のM&Aにおいては，コスト削減のため，デューデリジェンスの範囲を限定して行うことも多い。そこで，当事者双方で，デューデリジェンス（DD）範囲（法務，労務，財務等）を確認した上で，弁護士・公認会計士・税理士等の専門家に依頼し，デューデリジェンス報告書（後掲資料4）を作成する。

⑪　株式譲渡契約

　デューデリジェンス報告書を踏まえ，当事者双方で，譲渡条件について再度調整を行う。デューデリジェンス報告書の内容によっては，M&Aの前提が大きく異なる場合もあり，この時点でM&Aが破談となることもある。

　当事者間で，M&Aについて最終合意ができれば，株式譲渡契約を締結する。オーナーが譲渡後も業務に関与する場合は，譲渡後に，譲渡条件について一定の範囲で修正ができる条項を入れておく場合もある。

　株式譲渡契約が正式に成立した後，オーナーから，当該企業の取引先や従業員にM&Aを告知する必要がある。しかし，企業譲渡について反対する取引先や従業員が出てくる場合もあるため，告知方法・告知する順番などは十分に考慮し，トラブルが生じた場合の対応策を事前に考えておく。

租税弁護士の視点

　以上のとおり，M&A仲介会社が仲介に入ることで，スムーズにM&Aを実行することができます。しかし，譲渡企業と譲受企業は利益が相反する状態にあるため，M&A仲介会社が中立的に動いているかどうかは常に監視する必要があります。特に，譲渡企業より譲受企業の規模が大きい場合，譲受企業からM&A仲介会社に対して様々な指図が行われ，主導権をとられてしまうこともあり得ます。そこで，弁護士や税理士などの専門家のサポートを受け，常に正確な情報に基づいて，M&A仲介会社に対応すべきでしょう。

資料1 インタビューシート（目次）

目次

1. 会社の概要
2. 代表者のプロフィール
3. 株主の状況
4. 社員の状況
5. 労働組合の状況
6. 役員・キーパーソンの状況
7. 組織図
8. 業務フロー図
9. 製品サービス（事業）別の売上状況
10. 所在地（マーケット）別の売上状況
11. 顧問・コンサルタント一覧
12. 主要得意先状況
13. 主要仕入先状況
14. 直近年度末の資産負債残高について
15. 長期借入金
16. 短期借入金
17. 退職金（社員）
18. 退職金（役員）
19. 税務調査
20. 訴訟事件等（該当事項がある場合のみ記載）
21. コンプラ問題に関する確認（該当事項がある場合のみ記載）
22. グループ相関図（該当事項がある場合のみ記載）
23. 社員名簿
24. 事業計画
25. 経営環境
26. 将来ビジョン
27. 顧客開拓

出典：一般財団法人日本的 M&A 推進財団〈https://jmap-ma.com/wp-content/uploads/2019/01/18intervew_sheet.pdf〉（2019 年 12 月 4 日確認）より抜粋

資料2　必要書類リスト

必要資料一覧（株式会社用）

カテゴリー	必要書類（コピーでご用意下さい。）	チェック
概　　要	会社案内、製品・サービスのカタログ	
	店舗・事業所の概況	
	定款	
	会社商業登記簿謄本（法務局より最新の履歴事項全部証明書を入手下さい。）	
	免許、許認可、届出	
	株主名簿	
	議事録（株主総会、取締役会、経営会議等、添付書類含む）	
財　　務	決算書・期末残高試算表・勘定科目内訳明細　直近3期分	
	法人税・住民税・事業税・消費税申告書　直近3期分	
	減価償却資産台帳（直近期末分）	
	月次試算表（直近期1年分及び進行期分　→着手後も定期的にご提出下さい。）	
	資金繰表（実績及び予定）	
	支払保険料内訳・租税公課内訳（総勘定元帳の写し等）　3期分	
	採算管理資料（部門別・商品（製品）別・取引先別等）　3期分　要約したもの	
	売上内訳（部門別・商品（製品）別・取引先別等）　3期分　要約したもの	
	仕入内訳（部門別・商品（製品）別・取引先別等）　3期分　要約したもの	
	事業計画（作成していれば、今後5期程度の予想売上・利益・設備投資等）	
不 動 産	不動産登記簿謄本（オーナー様から対象会社に賃貸している物件あれば含む）	
	公図（地割が複雑な関係になっている場合のみ）	
	不動産賃貸借契約書	
	固定資産税課税明細書（オーナー様から対象会社に賃借している物件があれば含む。）	
人　　事	組織図（組織別人員数が分かるもの）	
	主要役員・部門長の経歴書	
	従業員名簿（氏名、年齢、勤続年数、役職、保有資格、月額給与）	
	社内規程（特に就業規則・給与・賃金規程、退職金規定、健康保険等）	
	給与台帳（年収、月額給与、賞与実績）	
	労働組合の有無、従業員代表との協定内容	
契　　約	銀行借入金残高一覧（借入先、返済予定表、利率、差入担保一覧）	
	金銭消費貸借契約書	
	リース契約一覧	
	生命保険・損害保険等の各種保険契約書	
	保険積立金の解約返戻金資料（直近期末時点の金額を保険会社等より入手下さい。）	
	株式・ゴルフ会員権等の保有状況のわかる資料（取引残高報告書、現物集計など）	
	金融商品・デリバティブ（為替予約、スワップ、仕組み債等）の最新時価資料	
	取引先との取引基本契約書	
	生産・販売委託契約書	
	連帯保証人明細表	
	株主間協定書（あれば）	
	その他経営にかかわる重要な契約、認可	
オーナー	住民票・印鑑証明書	

一般財団法人日本的M&A推進財団

出典：一般財団法人日本的M&A推進財団〈https://jmap-ma.com/wp-content/uploads/2019/01/17hi
tuyousiryoulist.pdf〉（2019年12月4日確認）より

資料3　企業概要書（目次）

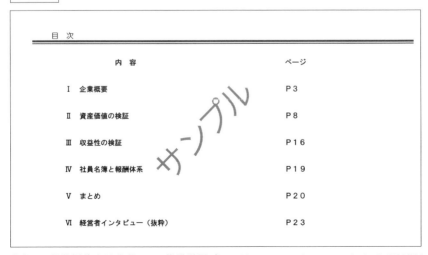

目次　　　　　　　　　　　　　　　　　　　Confidential

出典：一般財団法人日本的M&A推進財団〈https://jmap-ma.com/wp-content/uploads/2019/01/21kigyougaiyou_temole.pdf〉（2019年12月4日確認）より抜粋

資料4　デューデリジェンス報告書（目次）

目　次

出典：一般財団法人日本的M&A推進財団〈https://jmap-ma.com/wp-content/uploads/2019/01/zaimuddhinagata.pdf〉（2019年12月4日確認）より抜粋

設例16　中小企業M&Aにおけるデューデリジェンス

・ Case ・

　小売業を営む甲株式会社（以下，「甲社」という。）を保有しております
が，適当な後継者がいないため，同業者の乙社に甲社を売却することに
しました。甲社の売却に当たり，乙社からデューデリジェンスを求めら
れています。デューデリジェンスというのは具体的にどのようなことを
行うのでしょうか？

POINT

　デューデリジェンスとは，企業買収を行うに当たり，取引当事者がそ
の意思決定に直接・間接に影響を及ぼすような種々の問題点を調査・検
討する手続で，①ビジネス・デューデリジェンス，②財務デューデリ
ジェンス，③税務デューデリジェンス，④法務デューデリジェンス等が
ある。中小企業のM&Aにおいては，時間や費用の制約により，デュー
デリジェンスが網羅的でない場合も多い。

■解　説■

1　デューデリジェンスとは

　デューデリジェンスとは，企業買収を行うに当たり，取引当事者がその意
思決定に直接・間接に影響を及ぼすような種々の問題点を調査・検討する手
続のことである。

　デューデリジェンスにより，対象会社が開示情報から想定される企業価値
を本当に有しているか，買収の実行により企業価値が毀損されないか，隠さ
れた重大なリスクがないか等を精査する。また，買収側の企業経営陣として
は，企業買収にかかる判断について善管注意義務を果たすために十分な
デューデリジェンスを行う必要があるし，買収資金を金融機関から調達する
場合には，金融機関にデューデリジェンスの結果を報告しなければならない

という必要性もある。

　デューデリジェンスの結果，買収を取りやめるということもありうるし，買収価格が調整されることや，一定の事項について対象会社が真実である旨を表明・保証し，仮に後になって真実でなかったことが発覚した場合には金銭補償をする旨の，いわゆる表明・保証条項が追加されることもある。

2　デューデリジェンスの種類

(1) ビジネス・デューデリジェンス

　ビジネス・デューデリジェンスは，対象企業の事業実態と将来性を見極めること，価格交渉を行う際の検討対象となるリスク要因を発見すること，M&A の後のシナジー効果を検討すること，株主等のステークホルダーに対する説明責任を果たすこと等，ビジネス上の必要性から行うデューデリジェンスを指す。業種が専門的である場合，外部のコンサルタントなどの専門家に委託される場合もあるが，買主が自ら実施することも多い。

(2) 財務デューデリジェンス

　公認会計士・税理士等が対象会社の財務状況を検討する。財務的な観点を中心に，対象会社あるいは事業の実態を把握し，倒産リスク・資金繰りの計画等を検討するために行うデューデリジェンスを指す。

　簿外債務・偶発債務の有無に関する調査や粉飾決算の有無に関する調査が中心であり，その結果が買収価格に与える影響は大きいといえる。

(3) 税務デューデリジェンス

　税理士等が，買収後の税務リスクの調査，買収方法にかかるタックスプランニング等を実行するためのデューデリジェンスを指す。

　税務リスクの調査には，過去の申告内容が適正なものであったかどうかを確認することが含まれる。一般に，税務リスクへの対応として，過去の申告内容に誤りがあり，追加の納税等が生じる場合には，買主が売主に対して金銭補償を請求することができる旨の表明・保証条項が入れられることも多い。

　タックスプランニングには，買主サイドに関係するものと売主サイドに関係するものがある。買主サイドとしては，株式を譲り受ける主体をどうするか（個人とするか法人とするか）によって，その後の配当や株式譲渡益等の課税

関係が異なることになる。また，グループ企業の場合は，グループ内のいずれの法人が主体となるかによっても，その後の課税関係が異なり得る。売主サイドとしても，譲渡する相手方が個人であるか法人であるかによって課税関係が異なる可能性がある。また，買収に当たって対象会社が組織再編を実施することや自己株式を取得することも考えられるが，その場合も異なる課税関係が生じることになる。さらには，買主サイドと売主サイドに共通して関係する問題として，株式譲渡に先立って退職金を支給するかどうかによって，全体としての課税関係が異なることになる。これらを総合的に検討するのがタックスプランニングである。

(4)　法務デューデリジェンス

　弁護士等が，対象会社や対象事業について，当該M&A取引に影響を与える法務上の問題点の有無を調査するためのデューデリジェンスを指す。

　会社のガバナンス，株式保有・資本関係，業種特有の官公庁等の許認可，各種契約，知的財産権，人事・労務，訴訟・紛争，土壌汚染等の環境リスクなどが主な対象である。特に，対象会社の事業に関する許認可，届出については，M&A取引の実行後も，許認可が継続されるか，関係当局への相談，届出等が必要か等について調査をする必要がある。また，中小企業の場合，上場会社に比べれば法務・コンプライアンス対応が十分ではないことも往々にしてあり，最近の労働法制執行強化の傾向や未払残業代問題が世上注目されていること等に照らし，人事・労務関係には取り分け注意すべきであろう。そのほか，取引先や金融機関との関係で，株式譲渡などによってオーナーチェンジがなされる場合，事前に通知や承諾が必要とされていることがある。そのため，これらとの契約書等において，そのような義務が課せられているかどうかを確認することになる。

3　中小企業M&Aにおけるデューデリジェンスの注意点

(1)　売手側の注意点

ア　正しい情報開示

　買手としては，売手の会社を買収するために資金を投入し，その資金を将来的に回収するところまで見通しを立てなければならない。そのため，

売手の簿外債務や将来の訴訟リスク等を事前に把握する必要があるため，売手側は正確な情報を提供しなければならない。仮に，故意又は過失で誤った情報提供を行うと，M&A実行後に，契約解除等の重大なトラブルが発生するおそれがあるので注意が必要である。

イ　M&Aについての調査であると対外的に明らかにしないこと

　実際にデューデリジェンスを行う際には，対象会社の各担当者に聞き取り調査を行う必要がある。しかし，M&Aについての調査であると判明すると，従業員に動揺が広がってしまう場合や，対外的な信用が低下する場合もありうる。そこで，特に中小企業のM&Aでは，各業務の対象者のみならず，役員についてもM&A担当以外の役員にはM&A交渉の事実を明らかにしないことがある。具体的な対策としては，まずインタビューを受ける時間や場所に気を付けることや，事前に買手からの質問を確認して，調査対象者を限定しておくことが必要である。

(2)　買手側の注意点

　中小企業M&Aにおけるデューデリジェンスにおいては，その対象範囲が網羅的ではなく，売手と買手の力関係，時間や費用の制約などで制約を受けることが多い。また，調査に当たっても，時間の制約や聞き取り調査などに強制力がないこと，対象会社の担当者が非協力的あるいは逆に迎合的であるなどにより，完全に正確な情報収集はできない場合も多い。したがって，デューデリジェンスでの成果は完全ではないと認識し，それを前提として表明・保証条項を追加する必要や，買収価格を調整する必要が生じることに注意すべきである。

租税弁護士の視点

　中小企業M&Aにおけるデューデリジェンスでは，実務上，デューデリジェンスに要するコスト等の観点から，買手として特に気になる特定の対象については深くデューデリジェンスを行い，それ以外の対象はそれほどコストをかけずに調査するというケースも多くあります。しかし，中小企業においては，未払残業代をはじめとする簿外債務や，往々にして法務・コンプライアンス対応が十分でないことによる訴訟リスクを抱

えている場合も多いので，未払残業代等の類型的に想定されるリスクについては，できる限り確認しておいた方がよいでしょう。そのような確認ができない場合は，リスクを甘受する引換えとして，買収価格を低く設定することも検討しなければなりません。

設例 17 ｜ 許認可事業に係る事業承継

> ・ **Case** ・
>
> 　旅館を営んでいるのですが，そろそろ後継者に旅館を譲りたいと考え
> ています。ただ，旅館を営む上で，旅館業許可や飲食店営業許可などの
> 許認可を取得しているため，スムーズに事業を承継できるかどうかが心
> 配です。具体的にはどのような点に気を付ければよいのでしょうか？

POINT

　旅館業を営むためには，旅館業の許可（旅館業法3条），飲食店営業許
可（食品衛生法52条）などが必要となる。それぞれの許可の名宛人が，
個人であるか法人であるかによって，承継手続が異なるため注意が必要
である。

■ 解　説 ■

1　旅館業許可

（1）旅館業許可の名宛人が個人である場合

ア　事業承継の可否

　個人名義で旅館業許可を取得した場合，相続人による承継のみが可能で
あり，相続開始から60日以内に，都道府県知事に相続承認申請を行わな
ければならない（旅館業法3条の3第1項）。

イ　承継手続

　旅館業許可を承継するためには，①戸籍謄本，②相続人が2名以上いる
場合は，営業者の地位を承継すべき相続人の選定について相続人全員の同
意書，③その他保健所長が必要と認める書類，を提出する必要がある。都
道府県知事への申請は，営業所を管轄する保健所で行う（旅館業法施行規則
3条）。

（2）旅館業許可の名宛人が法人である場合

ア　事業承継の可否

①　株式取得による承継

　株式取得により法人の経営権を譲渡する場合は，法人はそのまま維持されるため，旅館業許可もそのまま承継される。

　ただし，株主変更に伴い，商号・本店所在地・役員等に変更がある場合は，登記後に変更届を提出する必要がある。

②　合併による承継

　合併後に存続する法人若しくは合併により設立される法人が，営業所を管轄する保健所に対して，合併承認申請を行う（旅館業法3条の2）。

③　会社分割による承継

　会社分割により当該旅館業を承継する法人が，営業所を管轄する保健所に対して，分割承認申請を行う（旅館業法3条の2）。

イ　承継手続

　実務的には，合併・会社分割期日後も旅館業を継続するために，合併・会社分割期日までに承認がなされるように，あらかじめ承認申請をしておかなければならない。合併承認申請，分割承認申請が行われてから，承認がなされるまで8〜15日が標準処理期間であるが，実際には都道府県によって異なるため，申請前に見込み期間についてあらかじめ確認しておく必要がある。

　合併・会社分割期日後の承認となった場合は，合併・会社分割時点で従前の許可が実質的に消滅してしまうため，新規に許可申請をしなければならない。また，役員を変更した場合に，当該役員について欠格事由がある場合は，合併・会社分割の承認がなされないおそれがある。

2　飲食店営業許可

（1）飲食店営業許可の名宛人が個人である場合

　個人名義で飲食店営業許可を取得した場合，相続が開始した時に相続人が承継する（食品衛生法53条）。承継者は，管轄の保健所に対して，①相続による地位承継届，②戸籍謄本，③相続人が2人以上で，相続人全員の同意によ

り地位承継者として選定された者にあっては，その全員の同意書，を提出する（食品衛生法施行規則68条）。

（2）飲食店営業許可の名宛人が法人である場合

株式譲渡による経営権の承継については，法人を名宛人とする飲食店営業許可も承継される。

合併・会社分割においては，管轄の保健所に対して，①地位承継届，②合併後存続する法人又は合併により設立された法人の登記事項証明書，又は分割により営業を承継した法人の登記事項証明書を提出する（食品衛生法53条2項，食品衛生法施行規則69条，70条）。

3　事業譲渡について

事業承継において，事業譲渡という方法を選択した場合，旅館業許可および飲食店営業許可は承継されない。事業譲渡の方法を選択した場合は，承継者において新たに許可を取得する必要があるため，旅館業の事業承継において，事業譲渡の方法はあまり選択されない。

租税弁護士の視点

旅館業の事業承継において，営業主体が個人の場合，旅館業許可を承継できるのは相続人に限られます。相続人の中から承継者を選択できる場合はよいのですが，事業承継においては，必ずしも相続人が後継者になってくれるとは限りません。選択肢の幅を広げるためにも，あらかじめ営業主体を法人化しておいた方がよいでしょう。

また，営業主体が法人の場合は，株式譲渡による承継が最も円滑に事業承継を行えるので，事業承継前に株式を集約しておき，株式とともに許認可も一緒に承継するのがよいでしょう。合併・会社分割を選択する場合は，合併・会社分割期日前に承継の承認がなされるように，十分な事前確認が必要です。

設例18 | 医療法人の事業承継

・ Case ・

　医療法人の出資持分の70%を保有しているのですが，そろそろ長男に医療法人を引き継ぎたいと思っています。長男が医療法人を引き継ぎたくないと言った場合は，親族以外の誰かに医療法人を譲渡してもよいと思っています。医療法人の事業承継にあたって，どのようなことに気をつければよいでしょうか？

POINT

　出資持分ありの医療法人を承継する場合，出資持分を後継者に集中させる必要がある。しかし，医療法人は剰余金の配当ができないため，株式会社と比較して内部留保が生じやすく，医療法人の出資持分は高く評価されやすい傾向がある。そこで，医療法人の事業承継にあたっては，長期的な計画を立て，出資持分の評価が低くなった段階でスムーズに出資持分を承継できるようにする必要がある。

■解　説■

1　医療法人の種類

　医療法人は，出資持分の有無により，大きく2つに分けられる。

（1）出資持分ありの医療法人

　出資持分ありの医療法人（経過措置型医療法人）は，出資者が医療法人設立時に出資した持分について財産権・返還請求権を持ち，出資持分を親族に相続したり，第三者に譲渡したりすることが出来る。

（2）出資持分なしの医療法人

　出資持分なしの医療法人は，基金制度による出資や基金出資額の払戻しを除き，法人解散時の残余財産を国や自治体などに帰属させる医療法人であり，理事や社員が個人で保有する出資持分は存在しない。

（3）第5次医療法改正

　2007年4月に施行された第5次医療法改正以降は、社会医療法人と基金拠出型医療法人という出資持分なしの医療法人のみ設立できることとなった。この医療法人制度改正の目的は、医療法人の出資持分の払戻しや返還請求にまつわる訴訟トラブルを減らし、ひいては医療法人の経営の不安定化を防止することである。

　もっとも、平成30年時点の統計（出典；厚生労働省　種類別医療法人数の年次推移）によれば、全国の医療法人53,944件のうち、出資持分ありの社団医療法人は39,716件（73.6%）であり、いまだに全体の約7割が出資持分ありの医療法人である。

2　医療法人を事業承継する際の手法

（1）出資持分ありの医療法人

ア　出資持分の評価

　出資持分ありの医療法人の場合、事業承継時に、出資持分の譲渡や払戻しが必要となる。

　医療法54条は「医療法人は、剰余金の配当をしてはならない。」と規定しているため、医療法人は剰余金の配当をすることができない。そのため、事業が好調であるほど、医療法人の純資産は増加しやすく、出資持分の評価額は高くなりやすい傾向にある。そして、医療法人の出資持分の評価については「財産評価基本通達194－2（医療法人の出資の評価）」の規定が適用される。純資産の増加した医療法人の出資持分は高く評価されやすく、出資持分の譲渡や払戻しが困難となるケースも見受けられる。

　そこで、医療法人の事業承継対策として、①役員退職金など人件費の増加、②利益の圧縮（生命保険の加入、MS法人への利益分散）、③大規模な設備投資（増築・改築・新築・医療機器の購入）などといった手法により出資持分評価額の引下げが行われることが多い。

イ　親族承継の場合（出資持分の後継者への集中）

　親族承継の場合、相続の開始前に後継者に出資持分を集中すること、後継者をスムーズに社員・理事長に就任させることが重要である。

　医療法人の社員は，出資額にかかわらず1人1票の議決権を有し，また，退社に伴う出資額に応じた持分の払戻しや，残余財産の分配請求権を有している。そのため，後継者以外の社員が，これらの権利を無計画に行使した場合，医療法人自体の財務的危機が生じるおそれがある。

　後継者以外の社員としても，出資持分の払戻しや残余財産の分配を請求した場合，出資額を超えた部分はみなし配当として総合課税され，最高で50％（所得税率45％・住民税率5％）の税率による課税となるというデメリットがある。その一方で，出資持分を後継者へ譲渡する形であれば，譲渡所得として20％の分離課税で済む。そこで，事業承継を行う場合は，長期的な計画を立て，出資持分の評価額の低くなった段階で，後継者への出資持分の譲渡や贈与等を行い，後継者に出資持分を集中させていくことが肝要である。

ウ　第三者承継の場合

　医療法人の第三者承継の場合，出資持分の評価額は，原則として，のれん代の評価を含め当事者間の合意で決定することができる。しかし，医療法人の簿外債務として従業員の未払残業代債務が存在する場合や，過去の医療事故発生や過去の診療報酬不正請求などが存在するリスクもある。そこで，出資持分の評価については，財務・法務のデューデリジェンスを事前に十分行った上で，慎重に判断する必要がある。

　また，理事長個人が保証債務を負う借入がある場合は，金融機関と交渉して個人保証債務を整理する必要がある。さらに，理事長が個人で所有する土地・建物・機械等の資産については，事前に法人に譲渡することや，承継後も賃貸関係を継続することなどを検討し，事業承継後の事業に支障が生じないようにしなければならない。

(2)　出資持分なしの医療法人

　出資持分なしの医療法人では，事業承継において，原則として出資持分の払戻し・譲渡・相続などは発生しない。そのため，実務的には，理事長退職金の支給や，医療法人承継後も非常勤理事報酬・医師給与を支払い，それらを事業承継の対価とすることがある。いずれの場合でも，勤務実態に即した金額でなければならない。

租税弁護士の視点

　医療法人の出資持分は高く評価されやすい傾向があるため，事業承継対策として出資持分の引下げが行われることがあります。しかし，単に出資持分を引き下げることを目的として，事業実態に沿わない出資持分引き下げを行うことは避けなければなりません。なぜなら，そのような出資持分引下げ対策は，結果として医療法人の財務的基盤を損なうおそれがありますし，出資持分の評価自体が不適切なものとして取り扱われる税務リスクもあります。専門家のアドバイスを受けながら，適切な事業承継計画を立て実行することが必要です。

第3　社団法人・財団法人の活用

設例19　一般社団法人の活用①　─基本編

・ Case ・

　Aは甲社の創業者であり，現在もその主要株主であり，また，代表取締役会長として経営に従事しています。Aとしては，甲社の株式は子孫に承継させ，その事業を承継させていきたいと考えています。ところが，甲社の株価は非常に高額であり，承継時に発生する税金を後継者が支払うことができないのではないかと懸念しています。また，将来の相続によって株式が分散するおそれもあります。そこで，円滑な事業承継のために一般社団法人を活用する方法があるとのことですが，具体的にどのような方法でしょうか？

POINT

　創業者が保有する株式を一般社団法人に移転することで，その株式は創業者の相続財産を構成しないことになる。相続財産とはならないため，将来の相続によって株式が分散することがなくなる。そして，一般社団法人には一般の会社のように株式や出資持分というものがなく，創業者の親族等が後継者として一般社団法人を通じた甲社の支配権を承継したとしても，その承継時に特段の課税関係は生じない。このようなことから，一般社団法人を活用して円滑な事業承継を図ることが考えられている。もっとも，一般社団法人については，税制において各種の課税の特例が定められているため，その適用関係に留意する必要がある。

▩ 解　　説 ▩

1　一般社団法人とは

　一般社団法人とは，「一般社団法人及び一般財団法人に関する法律」（以下「法人法」という。）に基づいて設立される法人である。その事業目的に特に制限はないので，株式会社のように営利事業を行うことも自由にできる。もちろん，創業者が保有する事業会社の株式を保有する持株会社として機能させることも可能である。

　一般社団法人は定款を作成して登記することで容易に設立することができる。設立時にその構成員として2名の社員を必要とし（法人法10条1項），設立後に社員が欠けた場合（0人となった場合）には解散することになる（同法148条4号）。一般社団法人の社員は，株式会社における株主や持分会社における社員に相当する地位であるが，これらとは異なって出資持分というものがなく，あくまでも法人の意思決定機関である社員総会（株主総会に相当するもの）で議決権を行使するにとどまる（同法35条1項）。また，社員は剰余金の分配を受けることができず（同条3項），退社時に払戻しを受ける権利や解散時に残余財産の分配を受ける権利を有するものでもない。設立時の社員は定款に定められ，設立後に新たに社員となる者の入社のための要件や手続も定款によって定められる。なお，法人であっても社員となることができる。

　一般社団法人では，社員のほか，その業務執行機関として1名以上の理事を置く必要があり（法人法60条1項），理事が複数いる場合には代表理事を定めることができる（同法77条3項）。さらに，理事会（理事が3名以上の場合），監事又は会計監査人を置くこともできる（同法60条2項）。理事は株式会社における取締役に相当する地位であり，代表理事は代表取締役に，理事会は取締役会に，監事は監査役に，それぞれ相当する。法人の運営を担当するのは理事であるが，理事は社員総会の決議によって選任される（同法63条1項）。なお，理事と社員を兼任することはできるが，法人が理事になることはできない（同法65条1項1号）。

2　一般社団法人を通じた事業承継

　前述のとおり，一般社団法人の業務執行権（経営権）は理事（特に代表理事）

が有する。そして，理事の選任権を有するのは社員総会であることから，法人の支配権は社員が有するものといえる。そこで，創業者やその後継者が理事や社員となり，その同族関係者が理事や社員を占めるとすれば，創業者一族で一般社団法人の経営支配権を保持することができる。また，新たな社員の要件は定款によって定められるため，その資格を創業者一族に限定すれば，将来にわたって創業者一族による支配を継続することもできる。

　その上で，創業者の保有する事業会社の株式を一般社団法人に移転することで，一般社団法人は事業会社の主たる株主（持株会社）となり，創業者一族は，一般社団法人を通じて事業会社を支配することが可能となる。創業者としては，自らの後継者（及びその親族関係者）に一般社団法人の社員の地位を承継させることで，事業会社の支配権を承継させていくことが可能となる。前述のとおり，一般社団法人の社員には出資持分がなく，社員という地位そのものは資産性を有しないことから，社員の地位を承継させたとしても特段の課税関係は生じない。また，株式はもはや創業者個人の財産ではなくなることから，将来の相続によって分散することも防止される。

　以上のことから，事業承継の一環として，一般社団法人に事業会社の株式を移転することは，相続による株式の分散を防ぐとともに，相続税対策ともなりうる。もっとも，以下でみるとおり，一般社団法人については，法人税の課税関係が問題となりうるほか，贈与税・相続税に関して各種の課税の特例が定められているため，その適用関係に留意する必要がある。

3　一般社団法人の課税関係（法人税）

　一般社団法人も法人である以上，一般の会社と同様，法人税の納税義務者となりうるが，一般の会社とは異なる課税上の取扱いがなされる可能性がある。この点，一般社団法人は，法人に関する法制度上，公益認定を受けた公益社団法人と公益認定を受けていない一般社団法人の二つに分類されるが，法人税法上は，公益認定を受けていない一般社団法人はさらに①普通法人（法人税法2条9号）と②非営利型法人（同条9号の2）に分けられるため，③公益社団法人と合わせて三つに分類される（以下では，単に「一般社団法人」という場合，公益認定を受けていない一般社団法人をいう。）。そして，これらのうち，

②と③が公益法人等（同条６号）として普通法人とは異なる（一般に有利な）課税上の取扱いを受けることから，一般社団法人においては非営利型法人に該当するかどうかが重要な問題となりうる。

　非営利型法人とは，一般社団法人のうち，次の法人をいう。

ア　非営利徹底型の法人（法人税法施行令３条１項）

　定款において剰余金の分配を行わない旨と残余財産が国・地方公共団体・公益法人に帰属する旨が定められていること，親族関係者の理事が総数の３分の１以下であることといった要件を満たした法人（このような法人については，非営利が徹底されており，運営組織上，特定の者に利益を与えるおそれがないとされる）

イ　共益型の法人（法人税法施行令３条２項）

　会員に共通する利益を図る活動を行うことを主たる目的とする法人であって一定の要件を満たしたもの

　公益法人等に該当する非営利型法人と普通法人とでは，法人税の課税対象となる所得の範囲が異なる。すなわち，普通法人については，一般の会社と同様，その全ての所得に対して課税がなされるのに対して，非営利型法人については，法人税法に定める34業種の収益事業に係る所得のみに対して課税がなされる（法人税法４条１項）。そこで，例えば，創業者やその関係者などから一般社団法人に対して寄付（贈与）がなされる場合，その受贈益について，普通法人であれば法人税の課税対象になるのに対して，非営利型法人であれば課税対象にならない。一般社団法人が受領する配当についても，普通法人であれば課税対象となりうるのに対して，非営利型法人では課税対象とならない。

　したがって，事業承継において一般社団法人を活用するに当たっては，その法人が非営利型法人（主に非営利徹底型の法人）に該当するための要件を満たすように定款を作成することが検討される。

4　一般社団法人への財産の移転と課税

　一般社団法人に株式などの財産を移転する際，それが無償でなされる場合，

非営利型法人でなければ法人税の課税対象となりうることは前述のとおりである。

　さらに，法人税のみならず，一般社団法人に対しては，これは非営利型法人であっても普通法人であっても同様であるが，贈与税・相続税の課税の特例が問題となりうる。この点，贈与税や相続税については，個人を納税義務者として課税がなされるものであり（相続税法1条の3第1項，1条の4第1項），通常，法人に対して贈与や遺贈がなされたとしても，これが受贈益として法人税の課税対象になることはあっても，当該法人が贈与税・相続税の納税義務を負うことはない。もっとも，贈与税・相続税の最高税率（55％）と法人税の税率（約30％）は異なっており，その税率の差異を利用した租税回避がなされるおそれがあることから，一般社団法人などの持分の定めのない法人に対して財産の贈与や遺贈がなされた場合で，かつ，その贈与や遺贈によって親族関係者の贈与税・相続税の負担が不当に減少する結果となると認められるときには，当該法人を個人とみなして贈与税や相続税を課するものとされている（相続税法66条4項）。

　ここでいう「不当に減少する結果になる」と認められるのはどのような場合であるかについては，一般的には，経済的・実質的観点からみてその贈与・遺贈をすることが客観的に不合理といえるかどうかを総合的に判断するものと解される。もっとも，そのような判断基準は明確なものといえず，相続税法施行令では，一定の基準（親族関係者の役員は総数の3分の1以下とする旨と残余財産は国・地方公共団体・公益法人に帰属する旨が定款において定められていることなど）を満たさない場合には不当性が肯定されるものとされており（不当性肯定基準。相続税法施行令33条4項），逆に，一定の基準（親族関係者の役員は総数の3分の1以下とする旨と残余財産は国・地方公共団体・公益法人に帰属する旨が定款において定められていることに加えて，法人の運営組織が適正であり，関係者に特別の利益を与えないことなど）を満たす場合には不当性が否定されるものとされている（不当性否定基準。同条3項）。

　この点，非営利型法人に対する贈与や遺贈の場合には，不当性肯定基準を満たすことは通常ないと考えられるが，関係者に特別の利益を与える（例えば，創業者やその親族に対する特別の利益として，役員の選任，給与の支給，金銭の貸付

け，資産の譲渡などがなされる）ものとして，不当性否定基準も満たさない可能性がある。そのような場合には，やはり総合判断によって不当性を判断せざるを得ないことになる。

　さらに，贈与や遺贈を受ける法人が関係者に特別の利益を与える場合，たとえ総合判断によって上記の課税の特例が適用されないとしても，別途，当該特別の利益を受ける者に対して，当該利益の価額に相当する金額の贈与や遺贈を受けたものとみなして，贈与税や相続税が課税されるという特例もある（相続税法65条）。

　このように，一般社団法人に株式などの財産を無償で移転する場合には，贈与税・相続税に関する各種の課税の特例が適用されうることから，そのような課税を避けるため，あえて有償で移転するということも検討される。

　なお，有償移転の場合はもちろん，無償移転の場合であっても，財産を移転する個人に対して譲渡所得課税がなされることになる（所得税法59条1項1号）。

5　一般社団法人に対する相続税課税の特例（みなし相続税）

　すでに述べたとおり，一般社団法人には持分の定めがないことから，その実質的な支配者である個人に相続が発生し，別の者が事実上その地位を承継したとしても，通常，その承継が相続税の課税対象になるものではなく，また，当該一般社団法人が所有する財産が相続税の課税対象になるものでもない。このことは，理事や社員が同族関係者で占められており，個人が実質的にその法人の財産を保有していると認められるような場合でも同様である。これが株式会社であれば，会社が所有する財産は株式の評価額に反映され，その株主が死亡した場合には株式の相続に対して相続税が課されることと比べて，均衡を失する可能性がある。

　この点，一般社団法人に財産が移転される際に，上記の課税の特例によって当該法人が個人であるとみなされ，贈与税・相続税が課せられる余地はあるが，この特例が常に適用されるとは限らない。すなわち，この特例は，そもそも贈与ではなく有償譲渡により財産が一般社団法人に移転された場合は適用されない。また，贈与であっても，贈与時には特例が適用されないため

の要件を一時的に満たした上で，贈与後に法人の私的支配を確立するという余地もありうる（この場合，受贈益に対する法人税の課税がなされうるのみであるが，公益法人等の場合は法人税の課税もなされない。）。さらに，特例が適用されるとしても，贈与税等の負担を一度受忍しさえすれば，その後は相続税が課税されなくなる（これが個人の財産であれば，相続が発生する都度，相続税の課税対象となりうる。）。

　以上のことから，課税関係の均衡を保つため，同族関係者の一族で実質的な経営がなされている一般社団法人（同族理事の理事総数に占める割合が2分の1を超える法人）については，同族理事が亡くなった場合に，当該理事の持分に相当するとみられる法人の所有する資産を法人自身が遺贈を受けたものとみなして，当該法人に対して相続税を課税することとされている（相続税法66条の2）。ここで問題とされているのは同族理事であり，社員ではないことに留意すべきであるが，いずれにしても，この課税を避けるためには，同族理事は理事総数の2分の1以下である必要がある。

租税弁護士の視点

　　一般社団法人の設立は比較的容易であり，その運営も基本的には自由です。そして，一般社団法人を活用した事業承継は，相続による株式の分散防止を図るとともに，相続税対策にもなるという点で優れたスキームであるといえるでしょう。もっとも，一般社団法人については，上記で述べた各種の課税の特例の適用関係に留意する必要があります。

　　課税の特例を考慮したプランニング例として，次のようなものが考えられます。

①株式の移転に当たっては，贈与ではなく有償譲渡とする。

②有償譲渡の場合，譲渡益に対する所得税（20%）が生じることから，その資金手当てが必要となるが，これは退職金等で賄う。

③有償譲渡ではあるものの，譲渡代金を分割弁済とすることで老後の生活資金に充てる。

④一般社団法人の理事の少なくとも2分の1は同族関係者以外の外部から登用する。

設例 20 | 一般社団法人の活用② ―応用編（信託との併用）

・ Case ・

　Aは甲社の創業者であり，現在，その主要株主ではあるものの，残りの株式は配偶者や子らが保有している状態です。Aの存命中はこれらの株主もAの意向を尊重しますが，その亡き後は不明です。Aとしては，特定の者に甲社の事業を承継させたいと考えていますが，相続によって甲社の株式が分散し，相続が繰り返されることでさらに散逸し，後継者による甲社の経営に支障が生じる事態を懸念しています。一般社団法人に対する信託を活用することで，後継者による会社の経営を安定的に維持しながら事業承継を図ることができる方法があるとのことですが，具体的にどのような方法でしょうか？

POINT

　創業者やその同族関係者が保有する株式を一般社団法人に信託することで，相続による株式の分散（議決権の分散）を防止した上で，一般社団法人を通じて議決権を統一的に行使することで，会社の経営を安定的に維持することができる。そして，一般社団法人の理事や社員を後継者（及びその同族関係者）が承継していくことで，円滑な事業承継を図ることが可能となる。ただし，信託に当たっては，意図しない課税関係が生じることのないように留意する必要がある。また，信託には信託業法上の規制もあり，この点についても留意が必要である。

■解　説■

1　信託とは

　信託とは，特定の者が一定の目的に従って財産の管理処分をすべきものとすることをいう（信託法2条）。信託の方法として一般的なのは信託契約に基づく財産の譲渡（信託譲渡）である。管理処分を委託するために財産を譲渡

する者を「委託者」といい，財産を譲り受けてその管理処分を行う者を「受託者」という。そして，信託財産に関する権利を有する者を「受益者」という。委託者が受益者を兼ねることもでき，そのような信託を一般に自益信託といい，委託者と受益者が異なる信託を一般に他益信託という。

　受託者は信託財産を譲り受けるが，あくまでも信託の目的を実現するための手段として信託財産を保有するものである。そこで，受託者は信託財産を受託者の固有財産と分別して管理しなければならず（信託法34条1項），また，信託財産は固有財産から独立したものとして取り扱われる。例えば，信託財産に対する強制執行は制限され（同法23条1項），受託者が倒産しても信託財産は倒産から隔離される（同法25条1項・4項・7項）。

　そして，受託者は，信託財産の管理処分その他信託の目的の達成のために必要な行為をする権限を有する（信託法26条）。例えば，株式を信託財産とする場合，受託者は株主として配当を受領し，議決権を行使することになる。これに対して，信託財産の給付を受ける権利を有するのが受益者である。そこで，受託者は，信託契約の定めに従い，受領した配当を受益者に給付し，また，信託終了時には株式そのものを受益者（残余財産帰属者）に給付することになる。

2　一般社団法人への信託

　創業者やその同族関係者が保有する事業会社の株式については，将来の相続によって分散し，散逸していく可能性がある。株式が分散するということは，議決権が分散するということを意味するのであり，後継者が安定的に事業会社の経営を維持していくことが難しくなる可能性がある。そこで，そのような事態を避けるため，創業者が存命中にこれらの株式を一般社団法人に信託しておくことが考えられる。

　この場合，株式を保有する創業者やその同族関係者が委託者となり，一般社団法人が受託者となるが，後述する課税関係を踏まえると，受益者については委託者としておくこと（自益信託にしておくこと）が望ましい。そして，創業者やその後継者が受託者である一般社団法人の理事に就任することで，一般社団法人を通じて事業会社の株式に係る議決権を統一的に行使することが

可能となる。また，それとともに，後継者やその同族関係者が一般社団法人の社員になることで，後継者の一族が一般社団法人の支配権を維持していくことができ，これによって事業会社の経営を安定的に維持しながら，円滑な事業承継を図ることができる。

3　信託の課税関係

　信託においては，信託財産は受託者に法的に帰属するものの，それはあくまでも管理処分のための形式的なものであり，信託財産に関する実質的な権利は受益者が有しており，経済的には受益者が信託財産を所有するものともいえる。このことから，下記でみるとおり，税制においては，信託に関する課税上の特別の定めがなされている。

　まず，信託財産から生じる所得については，基本的には法律上の帰属主体である受託者ではなく，経済的な実質に即して，受益者に帰属するものとみなして課税関係の判断がなされる（これを「受益者等課税信託」という。所得税法13条1項，法人税法12条1項）。したがって，株式を信託財産とする場合，受託者が株主として配当を受領するとしても，その配当所得は受益者に帰属するものとして課税がなされることになる。

　また，信託譲渡によって委託者から受託者に財産を移転する際に，適正な対価を負担せずに信託の受益者となる場合，当該受益者は信託に関する権利を委託者からの贈与又は遺贈によって取得したものとみなされ，当該受益者に対して贈与税又は相続税が課されることになる（相続税法9条の2第1項）。したがって，株式を一般社団法人に信託譲渡する際に，受益者を委託者の親族関係者にするなど，委託者と受益者が異なる他益信託とする場合には，受益者から委託者に適正な対価が支払われないとすれば，贈与税等の課税がなされることになる。これに対して，委託者が受益者となる自益信託の場合，委託者が従前どおり信託財産を所有するものとみなされ，特段の課税関係は生じない。つまり，委託者が一般社団法人に株式を信託譲渡したとしても，自らが受益者となる場合には，信託設定時に特段の課税関係は生じない。

　そこで，信託設定時に意図しない課税関係が生じないようにするためには，他益信託ではなく，自益信託にしておくことが検討される。その上で，信託

契約において，相続開始時に後継者に受益権を承継させることを定めておく
ことが考えられる。この場合，相続開始時には当該権利の価額（すなわち，株
式の評価額）について相続税の課税がなされることになる。

4　信託業法上の規制

　一般社団法人を受託者として株式を信託する場合，信託業法上の規制にも
留意が必要である。すなわち，信託業法上，受託者が信託業（信託の引受けを
行う営業。信託業法2条1項）を営むためには，免許（同法3条）又は登録（同法
7条1項）が必要である。この規制を受けるのは信託の引受けを「営業」と
して行う場合である。ここでいう「営業」とは，営利目的をもって反復継続
して行うことをいうとされる。そこで，営利目的性が認められない場合，あ
るいは反復継続性が認められない場合には，この規制は適用されないと解さ
れる。

　この点，まず，信託報酬を無報酬とする場合には，通常，営利目的性は否
定されると解される。もっとも，一般社団法人が信託業務を実施する上では，
当然，必要経費が生じることから，無報酬の場合にはその経費の支弁が問題
となる。そこで，経費を賄うために一定の信託報酬を定めることが考えられ
るが，その場合には，営利目的性の有無が問題となる。ここで参考になるも
のとして，営利目的性が否定される公益法人については，「その公益目的事
業を行うに当たり，当該公益目的事業の実施に要する適正な費用を償う額を
超える収入を得てはならない」とされており（公益社団法人及び公益財団法人の
認定等に関する法律14条），いわゆる収支相償の原則が定められている。これ
を参考にして，信託業務の実施に必要となる経費の範囲で信託報酬を定める
場合には，それによって営利目的性が肯定されるものではないと解する余地
がある。

　また，次に，反復継続性については，信託の引受けをするという行為の回
数のほか，その主観も併せて考慮される。そこで，信託設定時に，受託者の
業務が特定された株式の管理処分のみであることが明確になっている場合に
は，通常，反復継続性は否定されると考えられる。例えば，一般社団法人の
定款において，その法人の事業の目的が特定された株式の受託業務のみであ

ること（それ以外の業務は予定していないこと）を明確にしておくことが考えられる。

租税弁護士の視点

　　株式の信託は信託契約書を作成することで容易に行うことができ，創業者やその同族関係者が保有する事業会社の株式を一般社団法人に信託譲渡することで，その株主たる地位は一般社団法人に移転し，法的には株式は個人の財産から離脱します。それでも，委託者が受益者となる場合には，経済的には委託者が株式に対する権利（配当及び株式そのものの給付を受ける権利）を保持し続けることから，特段の課税関係は生じません。このことを利用して，将来の相続による株式の分散（議決権の分散）を法的に防止した上で，受託者である一般社団法人を通じて後継者が議決権の統一行使をすることで，事業会社の経営を安定的に維持することができます。この点，一般社団法人では，社員２名，理事１名が最低限必要となりますが，後継者の一族にその支配権を維持させるため，社員の入退社に関するルールを明確にしておくことが重要となります。例えば，定款において，社員となるのは，後継者の親族であって代表理事が承認した者に限る旨を定めておくことが考えられるでしょう。

設例21 　公益財団法人への寄付

・ Case ・

　Aは甲社の創業者であり，現在，その株式を全て保有するオーナー経営者です。Aとしては，甲社の株式は子孫に譲って事業を承継してもらいたいと考えていますが，Aによる甲社の創業後，その株価は非常に高額なものとなっており，承継時に多額の税額が発生することが懸念されます。ところで，甲社は毎年安定的に配当を実施しており，その配当収入のみでも相当な額となります。Aはすでに高齢であり，それほど多額の配当収入がなくても十分な生活が可能です。そこで，Aとしては，甲社の株式の一部を寄付することで，その配当収入を公益目的に使用してもらうことを検討していますが，なるべく税負担が生じないようにするためにはどうすればよいでしょうか？

POINT

　創業者が全て保有する株式の一部，例えば30％を公益財団法人に寄付することで，その株式は創業者の個人資産ではなくなるので，相続税の対象となるのは70％の株式となり，相続税の負担が減少することになる。70％であれば会社の支配権を引き続き有することができ，また，公益財団法人は安定株主として基本的に会社の経営には関与しないことが通常である。さらに，公益財団法人に寄付をする場合には，寄付を受けた側で課税がなされないことはもちろん，寄付をする側でも株式の含み益に対する譲渡所得課税が非課税となる特別の規定がある。この規定を活用することで特段の税負担なく株式を移転することができ，これによって相続税対策を図るとともに，創業者としては公益財団法人を通じて将来にわたって社会貢献ができることになる。

▓ 解　説 ▓

1　公益財団法人とは

　公益財団法人とは，「公益社団法人及び公益財団法人の認定等に関する法律」（以下「公益法」という。）に基づいて公益認定を受けた一般財団法人をいう。

　この点，一般社団法人が「ヒト」の集まりに法人格が付与されたものであるのに対して，一般財団法人は，設立者が拠出する財産に法人格が付与されたものである。一般社団法人と同様，一般社団法人及び一般財団法人に関する法律に基づいて設立され，その事業目的に特に制限はなく，事業会社の株式を保有する持株会社として機能させることも可能である。そして，出資持分がないことも同様である。

　一般社団法人と異なる点として，まず，法人の構成員としての社員や意思決定機関としての社員総会が存しないことから，その代わりに評議員会という意思決定機関が置かれ，それを構成する評議員（自然人に限る。）が３名以上必要となる。評議員の選任方法は定款によって定められるが，これを欠いた場合には解散ではなく，利害関係人の申立てによって裁判所が必要に応じて職務代行者を選任することになる。また，理事が３名以上必要であるほか，理事会及び監事を置くことも必要であり，評議員，理事，監事はそれぞれ兼任することができない。したがって，最低でも評議員が３名，理事が３名，監事が１名の自然人が必要となる。

　そして，一般財団法人が公益認定を受けるためには，公益目的事業を行うことを主たる目的とすること，公益目的事業を行うために必要な経理的基礎及び技術的能力を有すること，特定の者に特別の利益を与えないものであること，公益目的事業に係る収入がその実施に要する適正な費用を償う額を超えないことなど，その運営を適正なものとするために定められた公益認定基準（公益法５条）に適合した上で，内閣総理大臣又は都道府県知事に申請をし，その認定を受ける必要がある。

2　公益財団法人の課税関係

　法人税法上，公益財団法人は，公益法人等として普通法人とは異なる課税

上の取扱いを受け，収益事業に係る所得のみに対して課税がなされる。そこで，財団法人が受領する寄付や配当については，法人税の課税対象とはされないことになる。

　さらに，公益財団法人については，同じ公益法人等に該当する非営利型法人たる一般財団法人よりも課税上優遇されている。すなわち，利子や配当等が支払われる際に，一般財団法人であれば所得税の源泉徴収課税の対象となりうるのに対して，公益財団法人であれば非課税とされる（源泉徴収の非課税。所得税法11条1項）。

　以上のことから，公益財団法人が株式を保有する場合，これに対して配当がなされたとしても法人税の課税対象にならないのみならず，所得税の源泉徴収課税の対象にもならない。

3　公益財団法人への株式の移転

　一般財団法人は，一般社団法人と同様，定款を作成して登記することで容易に設立することができ，公益認定を受けることで公益財団法人となり，さらに税制上の優遇措置を受けることができる。公益財団法人には出資持分がないことから，事業承継の一環として，公益財団法人に事業会社の株式を一部移転することで，公益財団法人がその安定株主になるとともに，当該株式は相続税の課税対象とはならなくなる（前述のとおり，当該株式の移転は法人税の課税対象ともならない。）。

　なお，公益財団法人も持分の定めのない法人であり，これに対する贈与によって親族関係者の税負担が不当に減少する結果となると認められるときには，当該法人を個人とみなして贈与税を課するとの課税の特例（相続税法66条4項）の適用がありうる。しかしながら，公益財団法人の場合，公益認定基準を満たしたものであり，行政による指導・監督が存在し，事業活動にも一定の制約があるなど，通常，法人の運営組織は適正なものであり，不当性は否定されると考えられることから，実際上，この特例が適用される場面は想定し難いように思われる。この点，法人の運営組織が適正であるかどうかの判定基準を国税庁の個別通達（「贈与税の非課税財産（公益を目的とする事業の用に供する財産に関する部分）及び持分の定めのない法人に対して財産の贈与等があった場

合の取扱いについて」）が定めているが，この基準は理事の定数は6人以上，監事の定数は2人以上，評議員の定数は6人以上であることを求めるなど，公益認定の要件よりも厳格なものが含まれており，必ずしもこの基準を全て満たす必要はないと考えられる。

　さらに，個人が法人に対して株式などの財産を譲渡する場合，それが有償の場合に譲渡益に対して課税がなされることはもちろん，無償の場合であっても，その含み益に対してみなし譲渡所得課税がなされるのが原則である（所得税法59条1項1号）。これについても，公益財団法人に対して一定の公益目的のために寄付がなされる場合には，譲渡所得が非課税となる特例が定められている（譲渡所得の非課税。租税特別措置法40条1項）。この特例の適用を受けるためには，以下の三つの要件を全て充足した上で，所轄の税務署に申請をし，国税庁長官の承認を受ける必要があるが，それらの要件の判定に当たっては，国税庁が定める個別通達（「租税特別措置法第40条第1項後段の規定による譲渡所得等の非課税の取扱いについて」）が参考になる。

　　① 贈与等が教育又は科学の振興，文化の向上，社会福祉への貢献その他公益の増進に著しく寄与すること

　この要件の判定に当たっては，

(i) 公益目的事業の規模

　　（社会的存在として認識される程度の規模を有すること。例えば，奨学金事業の場合，支給・貸与先が30人以上であることが一つの目安とされる。）

(ii) 公益の分配

　　（その分配が適正であること。すなわち，それを必要とする者の勤務先・職業等により制限されることなく，公益を必要とする全ての者に与えられるなど，公益の分配が適正に行われること。）

(iii) 事業の営利性

　　（公益事業について，その公益の対価がその事業の遂行に直接必要な経費と比べて過大でないことなど，事業の経営が営利企業的に行われている事実がないこと。）

(iv) 法令の遵守等

　　（事業の運営につき，法令に違反する事実その他公益に反する事実がないこと。）

を勘案して判断される。

② 　贈与等される財産が贈与等の日から2年以内に公益事業の用に直接供
　　され，又は供される見込みであること

　この要件の判定に当たっては，贈与等される財産が株式や知的財産権など
のように財産の性質上その財産を直接公益事業の用に供することができない
ものである場合，各年の配当や使用料など，その財産から生ずる果実の全部
が公益事業の用に供されるかどうかによって判断される。

　公益財団法人が株式の移転を受ける場合，当該株式に対してなされる配当
が安定的なものであり，かつ，その配当収入の全部が公益事業の用に供され
るように事業計画を策定する必要がある。

③ 　贈与等する者の所得税の負担を不当に減少させ，又は親族関係者の贈
　　与税・相続税の負担を不当に減少させる結果とならないこと

　この要件については，法人の運営組織が適正であり，法人の定款等におい
て親族関係者の理事・監事・評議員は総数の3分の1以下とする旨と残余財
産は国・地方公共団体・他の公益法人に帰属する旨が定められており，関係
者に特別の利益を与えず，公益に反する事実がないことのほか，株式を取得
する場合にはその発行済株式総数の2分の1以下であるときは満たされるも
のとされる（租税特別措置法施行令25条の17第6項）。

　公益財団法人については，発行済株式総数の2分の1を超える株式を取得
するものでない限り，通常，この要件は充足するものと考えられる。

4　公益認定のメリット・デメリット

　以上のように，公益財団法人については，税制上の各種のメリットがある
が，そのためには，前述したとおり，公益認定を受ける必要がある。さらに，
いったん公益認定を受けたら，その後も継続して公益認定基準を充足する必
要がある。仮に基準を満たさなくなった場合，公益認定が取り消される可能
性があり（公益法29条2項），その場合，その所有する財産は国・地方公共団
体・他の公益法人などに贈与が強制されることになる（同法30条1項）。また，
公益財団法人は，一般財団法人と異なり，監督行政庁の監督・指導を受け，
事務負担が大きいといったデメリットもある。

　他方で，税制上の各種のメリットについては，一般財団法人であっても，

非営利型法人であればその大部分を享受することが可能である。ただし，所得税の源泉徴収が非課税となるのは公益財団法人に限られるのであり，この点は特に株式を保有する場合に公益認定を受けることの大きなメリットとなりうる。

　これらのメリットとデメリットを勘案した上で，公益認定を受けるかどうかを判断することになる。

租税弁護士の視点

　公益財団法人への寄付は，相続税対策になるとともに，創業者の社会貢献につながるものであり，非常に有意義なスキームであるといえます。既存の財団法人への寄付でも構いませんが，創業者が自ら財団法人を設立した上で，その法人に寄付をすることで，創業者自らの意思を実現することができます。財団法人が公益認定を受けると事務負担の問題はあるものの，課税上で不当性が肯定されるリスクも小さくなることから，（公益財団法人への寄付につき，国税庁長官の承認を得た場合に譲渡所得税を非課税とする）租税特別措置法40条の申請とともに，公益認定の申請をすることを積極的に検討されることが望ましいでしょう。

第4　信託の活用

設例22　｜　後継ぎ遺贈型信託の活用

• Case •

　Aは，甲社の創業者であり，いわゆるオーナー経営者です。Aが保有する甲社の株式については，Aが亡くなった後も，Aが自ら指名ないし指定する後継者に代々承継させることにしたいと考えています。そのようなAの意思を実現する方法はありますか？

POINT

　創業者が保有する株式を自ら指名ないし指定する後継者に代々承継させる方法として，信託契約を活用することが考えられる。すなわち，信託契約によって受託者に株式を移転した上で，その株式に関する権利を行使することができる受益者を自らの意図する後継者に指名しておき，さらにその後の受益者を決定する方法を指定しておくことで，自ら指名ないし指定する後継者に当該株式に関する権利を代々承継させることができる。これを後継ぎ遺贈型信託といい，遺言では実現できない代々の後継者の指定をすることができるというメリットがある一方で，信託できる期間の制限や課税上の取扱いなど，いくつか留意すべき点がある。

■解　説■

1　後継ぎ遺贈型信託とは

　受益者の存する信託のうち，当該受益者の死亡によってその受益権が消滅し，他の者が新たな受益権を取得する旨の定め（当該受益者の死亡によって順次他の者が受益権を取得する旨の定めを含む。）のある信託（信託法91条参照）を一般に「後継ぎ遺贈型信託」という。この類型の信託では，委託者は，信託に関

する権利を取得する当初の受益者（これを「一次受益者」という。）を指名しておくことのみならず，一次受益者の死亡その他の理由によって当該権利を承継する次の受益者（これを「二次受益者」という。）を指名しておくことができる。二次受益者となるべき特定の者が定まっていない場合には，その決定方法を指定しておくこともできる。さらに，二次受益者の死亡その他の理由によって当該権利を承継する次の受益者（これを「三次受益者」という。）を指名ないし指定しておくこともできる（以下も同様である。）。

　この後継ぎ遺贈型信託を活用することで，創業者は，自らが後継者として適当と考える者を一次受益者に指名しておき，かつ，その死亡等に備えて，二次受益者以下を指名ないし指定しておくことで，代々の後継者を指名ないし指定しておくことができる。例えば，一次受益者を長男とした上で，二次受益者以下を長男の直系血族と指定しておくことなどが考えられる。

　なお，株式を承継する後継ぎを指名する法的な手段としては，後継ぎ遺贈型信託以外にも，遺言という方法がありうる。しかし，遺言においては，一次承継者を指名することはできるものの，その後順次権利を承継する者を指名ないし指定しておくことは権利関係を不安定にするものとして認められていない。したがって，代々の承継者を指名ないし指定することができるというのは，後継ぎ遺贈型信託ならではのメリットであるといえる。

2　留意点①　信託期間の制限

　後継ぎ遺贈型信託については，信託法91条が期間の制限をしており，「当該信託がされた時から30年を経過した時以後に現に存する受益者が当該定めにより受益権を取得した場合であって当該受益者が死亡するまで又は当該受益権が消滅するまでの間，その効力を有する」とされている。すなわち，この類型の信託が永久的に有効であるとすれば，信託財産に関する権利関係があまりに不安定なものになると考えられることから，信託時から30年を経過した後に受益者となった者が死亡するまで（又はその受益権が消滅するまで）に限って効力を有するものとされている。そこで，委託者が後継者を指名ないし指定することができるのは，信託時から30年を経過した時点での後継者の次の後継者までということになる。

　なお，以上に対して，外国法令に準拠して設定される外国信託の場合，一般に日本の信託法の適用はないと解されることから，当該外国法令で認められる限り，期間制限のない後継ぎ遺贈型信託を設定することも可能であると解する余地がある。もっとも，信託法 91 条は強行法規と解されることから，上記のような外国信託の，日本における執行可能性については疑義が残る。したがって，少なくとも信託される株式が日本法人の株式である場合には，同条に準拠した信託期間としておくことが無難であると考えられる。

3　留意点②　課税の特例

　後継ぎ遺贈型信託は，相続税法上，受益者連続型信託として，特別な課税に服するものとされている。すなわち，まず，前提として，適正な対価を負担せずに信託に関する権利を取得した一次受益者は，委託者からの贈与（委託者の生前の場合）又は遺贈（委託者の死亡による場合）によって当該権利を取得したものとみなして贈与税又は相続税の課税がなされる（相続税法 9 条の 2 第 1 項）。そして，さらに，二次受益者は，受益者としての権利を現に有することになった時点で，一次受益者からの贈与又は遺贈によって当該権利を取得したものとみなして贈与税又は相続税の課税がなされる（同条 2 項）。

　その上で，受益者連続型信託については，課税の特例として，信託に関する権利は利益を受ける期間の制限その他の権利の価値に作用する要因としての制約が付されていないものとみなして評価するものとされている（相続税法 9 条の 3 第 1 項本文）。このことから，各受益者に対しては，信託財産からの収益を享受できる期間は限られたものであり（長くとも終身期間），信託財産の処分が制限されている（自らの意思で譲渡することができない）にもかかわらず，その権利の価値は無制限のものとして評価され，贈与税又は相続税が課せられることになる。もっとも，これについては，通常の株式の相続であっても当該株式からの収益を享受できる期間は限られている（長くとも終身期間）という点で同様である。また，譲渡などの処分が制限されているという点は，オーナー会社の場合，その性質上，株式の経済的価値は株式を譲渡することで得られるというよりは，会社の経営を支配すること（それによって配当収入のほか，役員報酬や経営支配権といった有形無形の利益を得ること）に中心があ

ると考えられることから，特別の不利益ではないと評価することもできる。

　なお，上記の課税の特例は，信託に関する権利を有する者が法人（人格なき社団等を含む。）である場合には適用されない（相続税法９条の３第１項ただし書）。そこで，この特例の適用を避けるためには，例えば，信託契約において，受益者を個人ではなく法人として定めることが考えられるが，その場合には当該法人に対する課税関係やその株主等に対する課税関係も含めた総合的な検討が必要になろう。

4　留意点③　遺留分侵害額請求（遺留分減殺請求）

　最後に留意しなければならないのは，遺留分侵害額請求である。課税上は，上記でみたとおり，二次受益者は一次受益者から信託に関する権利を承継取得したものとして課税関係が判断されることになるが，私法上は，あくまでも二次受益者は委託者から権利の承継を受けるものであると考えられる。そうすると，信託契約による株式の移転（法形式としては受託者に対する譲渡であるが，実質的には受益者に対する受益権の付与）が相続人の遺留分を侵害する場合，当該相続人としては，受益者に対して遺留分侵害額請求を行使し，受益者は遺留分侵害額に対する金銭債務を負うことになる。

　この点，一次受益者と二次受益者以下の関係が問題となりうる。少なくとも二次受益者以下はいまだ権利を取得しておらず，一次受益者よりも先に死亡するなど，受益者となる条件が成就しないことがあり得るため，確実に取得できるものとも限らない。そこで，通常の場合は，一次受益者のみが遺留分侵害額請求の対象となりうると考えられる。これに対して，二次受益者の権利に期間の制約が付されている場合（例えば，定年に達するまでとされている場合），そのような制約は課税上無視されるとしても，遺留分侵害額を算定する上では考慮されるべきといえる。そうすると，一次受益者の権利（一次受益権）の評価額は期間制約を考慮して算定され，株式の評価額から一次受益権の評価額を控除した残りの評価額が二次受益者の権利の評価額になると考えられる。この場合には，二次受益者が権利を享受できる蓋然性もそれなりに高いということであるから，遺留分侵害額請求の対象となってもやむを得ないといえる。

　以上に対して，委託者が死亡した後，さらに一次受益者が死亡したことで二次受益者が受益権を承継する場合，私法上は，課税上と異なって一次受益者から信託に関する権利を承継取得したものとみなされることはない。したがって，当該受益権は遺留分侵害額請求の対象とはならず，一次受益者の相続人としては，二次受益者に対して遺留分侵害額請求権を行使することはできないことになる。

租税弁護士の視点

　後継ぎ遺贈型信託を活用した事業承継は，一定の期間制限があることを踏まえても，創業者が自らの生涯にわたる事業努力の結晶ともいえる株式を自らの指名又は指定する者に代々承継させることができるという点で，優れたスキームです。もっとも，その承継者は，都度，相続税（生前の場合は贈与税）を納付する必要があり，その納税資金をどのように確保するか，また，他に相続人がいる場合，遺留分侵害額請求に対する手当てをどのようにするかということを併せて検討する必要があります。

設例 23 | 受益権複層化信託の活用①

・ Case ・

　Aは，甲社の創業者であり，その株式を100％保有するオーナー経営者です。Aには二人の息子がいますが，Aが保有する甲社の株式については，後継者である長男Bに全て承継させたいと考えています。ところが，Aが所有する主な財産は甲社の株式のみであり，そのままでは非後継者である次男Cの遺留分を侵害することになります。Cの遺留分を侵害せずに円滑に事業承継するために信託を活用する方法があると聞きましたが，どのような方法でしょうか？

POINT

　相続人が複数いる場合に，創業者が保有する株式を非後継者である相続人の遺留分を侵害することなく後継者である相続人に全部承継させる方法として，信託契約によって株式に関する権利の内容を分割した上で各相続人に取得させるという方法がある。すなわち，株式に関する権利には，株式そのものを保有する権利，議決権を行使する権利，配当を受領する権利があるが，信託契約において受益権の内容を「元本受益権」（株式そのものの給付を受ける権利及び議決権を行使する権利）と「収益受益権」（配当を受領する権利）に分けた上で，元本受益権を後継者に付与し，収益受益権を非後継者である相続人に付与することが考えられる。この場合，非後継者である相続人にも一定の権利が付与されることになるため，その権利の実質的な価値が遺留分侵害額を超える場合には，遺留分侵害の問題は生じないことになる。

■ 解　　説 ■

1　受益権複層化信託とは

　信託法は，二人以上の複数の受益者が存する信託を当然に想定している

（同法105条以下）が，これには複数の受益者が同一の内容の受益権を各自の持分割合に応じて保有する場合（例えば，複数の出資者が共同で一定の資産に投資する内容の信託契約のような場合）もあれば，複数の受益者が異なる内容の受益権をそれぞれ保有する場合もありうる。後者のように信託財産に関する権利（受益権）を異なる内容のものに分割して（複層化して）異なる受益者に付与する類型の信託を一般に「受益権複層化信託」という。

　受益権複層化信託では，各受益者に異なる内容の権利を付与することができるため，株式を信託財産とする場合，後継者に株式そのものの給付を受ける権利と議決権を行使する権利を付与し，非後継者である相続人には株式から生じる配当の給付を受ける権利を付与するといったことが可能である。一般に，前者の権利を「元本受益権」といい，後者の権利を「収益受益権」という。この場合，非後継者にも一定の権利が付与されることから，その価値が遺留分額を超える場合には遺留分侵害の問題が生じないことになる。

　したがって，他の相続人の遺留分を侵害することなく特定の後継者に株式を全部承継させたい創業者としては，この類型の信託を活用することが考えられる。

2　収益受益権の評価の問題

　以上でみたとおり，非後継者に収益受益権を付与することで遺留分侵害の問題をクリアできる可能性があるとはいえ，その評価額によってはなお遺留分侵害が生じる。そこで，どのように収益受益権を評価するかということが次に問題となる。

　この点，相続税に関する財産評価基本通達では，受益権が収益受益権と元本受益権に複層化された信託であって，各受益者が異なる場合，原則として，収益受益者が将来受けるべき利益の価額を基にして，これを現在価値に引き直して収益受益権を評価する（信託財産の価額から収益受益権の評価額を控除して元本受益権を評価する）ものとされている（財産評価基本通達202(3)）。この評価方法については，収益受益者が将来受けるべき利益を客観的かつ合理的な方法で推計できる場合には，税務上のみならず，遺留分侵害を避けるという観点からの評価においても，有用であると考えられる。

　例えば，会社からの配当が毎年安定しているような株式の場合には，収益受益者が将来受けるべき利益は，毎年の配当の平均額に信託期間の年数（終身の場合には平均余命の年数）を乗じることで客観的かつ合理的に推計することができると考えられる。これに対して，会社からの配当が安定していない（あるいは無配当の）株式の場合には，収益受益権の評価には困難が伴う。恣意的な評価をするとすれば，将来，課税上の紛争が生じることが避けられない。

　そこで，非上場株式を信託財産とする場合，少なくとも信託設定前の数年間にわたって安定的な配当をすることが必要不可欠であり，かつ，事後的にも特段の事情変更がない限りは同様の配当を継続することが必要であろう。そのような配当実績のない株式の場合には，毎年安定的な配当を受けることができる権利が付与された優先株式を活用するということも考えられる。すなわち，普通株式の一部をかかる優先的な配当を受けられる議決権のない株式に転換し，あるいは同様の株式を新規発行し，これをもって信託財産とすることなどが検討される。

3　受益者連続型信託の問題

　信託契約では，受益者を指定した上で，その受益者の死亡などの一定の事由が生じた場合に別の者が受益者となる旨を定めることが認められる（信託法91条参照）。これにより，創業者としては，株式を承継させる後継者を指名しておいた上で，その後継者に何かあった場合の次の後継者をも指名ないしその決定方法を指定しておくことが可能となる。このような信託を「受益者連続型信託」というが，これが受益権複層化信託である場合には課税上の問題が生じうる。

　すなわち，信託受益権を収益受益権と元本受益権に分けた上で，各受益権を付与される者を指定するのみならず，当該受益権を承継する者も定めておく場合（例えば，収益受益者が死亡した場合に，他の者が収益受益権を承継することを定めておく場合）には，受益者連続型信託に該当することになるが，受益者連続型信託においては，課税上，収益受益権の価値は信託財産そのものの価値と等しいものとして計算される（したがって，元本受益権の価値はゼロとして取り

扱われる）（相続税法9条の3第1項）。これにより，特に対価を負担することなく収益受益者となった非後継者は，信託財産から生じる利益を享受できる期間が限られている（それゆえに権利の価値は信託財産そのものの価値よりも低い）にもかかわらず，信託財産の価値の全部を贈与・遺贈によって取得したものとして，贈与税・相続税が課せられることになる。さらに，非後継者の死亡その他の理由によって収益受益権が他の者に承継される場合，その承継者においても，信託財産の価値の全部を贈与・遺贈によって取得したものとして，贈与税・相続税が課せられることになる。このように，収益受益権が承継される都度，信託財産の価値の全部が贈与税・相続税の課税対象となった上で，さらに最終的に信託が終了する際には，元本受益者が信託財産の価値の全部を贈与・遺贈によって取得したものとして，贈与税・相続税が課せられることになる。

　以上のような複数回にわたる課税は一般に不利なものであり，これを避けるためには，受益権複層化信託においては，各受益者の死亡時には信託が終了することを定めておくなど，受益者連続型信託に該当しないようにすることが検討される。

4　信託契約が無効とされるリスク

　そのほかの問題として，受益権複層化信託においては，信託契約が無効とされるリスクもある。すなわち，株式を信託財産として受益権を複層化する場合，非後継者に収益受益権を付与するとしても，会社が実際に配当を支払うかどうか，支払うとしてその金額をどうするかというのは，毎年，会社に留保されている利益を踏まえて株主総会決議によって決定される。仮に会社に留保された利益が十分であるとしても，株主総会決議で配当の決定をしない限りは，収益受益権を有する者が会社に対して配当の支払を請求することはできない。

　このようなことから，信託契約の前には安定的に配当を支払っており，それに基づいて収益受益権を評価した上で信託を実施して非後継者に収益受益権を付与したものの，その後，議決権を通じて会社を支配する元本受益者が，合理的な理由がないにもかかわらず，会社をして配当を長期間にわたり実施

せしめないような場合，収益受益権は実際には無価値に等しいものとなる。これが事前に仕組まれたものであるとすれば，信託契約は実質的には強行規定である遺留分制度を回避する目的でなされたものとも考えられる。そこで，そのような目的が認定された場合には，公序良俗に反するものとして信託契約が無効とされる可能性がある。

この点，株式の信託とは事案が異なるものの，収益の見込めない不動産に関する収益受益権を付与した信託契約の一部が他の相続人の遺留分を侵害し，公序良俗に反するとして無効とされた事例がある（東京地判平成30年9月12日金法2104号78頁参照。ただし，同判決は控訴され，控訴審では和解によって終結したようである。）。

したがって，非後継者に収益受益権を付与する場合，遺留分を侵害し，公序良俗に反して無効とされることのないように，その後の配当は誠実に実施すべきことに留意が必要である。

租税弁護士の視点

受益権複層化信託を活用した事業承継は，株式の権利の内容を分けて，非後継者には配当収入という経済的価値のみを取得させ，その遺留分を侵害することなく，後継者に会社の支配権を承継させることができる優れたスキームです。もっとも，非後継者が取得する権利の価値，その適正な評価額が不明確な状態では，将来において法律上の，あるいは課税上の紛争が生じる可能性があります。そこで，株式を信託財産とする場合には，非後継者に給付される将来の利益が安定的なものであることが必要です。配当を原資として給付をする場合には，その給付額を安定的なものとするため，優先株式を活用することが考えられるほか，非後継者には配当を受領する権利ではなく，一定の金銭を定期的に受給する権利（定期金受益権）を付与することも検討に値するといえるでしょう。

設例 24 ┃ 受益権複層化信託の活用②

・ **Case** ・

　Aは，甲社の創業者であり，いわゆるオーナー経営者です。Aが保有する甲社の株式については，Aが亡くなった際に，後継者である長男Bに全て承継させたいと考えています。ところが，甲社の株式は評価額が高く，このままでは高額の相続税が課されることになるのですが，その株価対策にも限度があります。高額の相続税のために円滑な事業承継が阻害されることのないようにしたいのですが，どのような方法が考えられますか？

POINT

　株式に関する権利の内容を将来において株式そのもの（元本）の給付を受ける権利（元本受益権）と株式から生じる配当収入の給付を受ける権利（収益受益権）に分けた上で信託を設定し，当該信託において元本受益権を後継者に付与し，収益受益権を委託者である創業者に留保することで，将来における相続税の負担を軽減することができる可能性がある。

■ **解　　説** ■

1　受益権複層化信託の活用

　「受益権複層化信託の活用①」において述べたとおり，信託契約においては，信託財産に関する権利の内容を質的に分割して異なる受益者に帰属させることが可能であり，また，一部の受益権を委託者が留保することもできる。そこで，相続税対策として，創業者が後継者に承継させたい株式を信託財産とした上で，当該株式に関する権利の内容を将来において株式そのもの（元本）の給付を受ける権利（元本受益権）と株式から生じる配当収入の給付を受ける権利（収益受益権）に分割して，元本受益権を後継者に付与し，収益受益権を委託者である創業者に留保することが考えられる。

　この場合，後継者から創業者に対して元本受益権の経済的価値に見合った対価が支払われない（事業承継の場面では，対価が支払われないことも多い）とすれば，その評価額についてみなし贈与課税の対象となる（相続税法9条の2第1項）。逆の見方をすれば，信託設定時に課税対象となるのは後継者に付与された元本受益権の評価額の限度であり，創業者に留保された収益受益権の評価額に相当する部分については実質的な権利移転が生じず，特段の課税関係は生じないことになる。

　そして，その後，創業者に相続が開始した場合，信託は終了し，収益受益権は消滅することになるが，その際に，元本受益者である後継者に株式が給付される。株式を取得する後継者においては，元本受益権はすでに贈与税が課税済みであり，この時点で改めて元本部分について相続税が課されることはない。もっとも，元本受益者としては，収益受益権を評価した際に想定されていた存続期間よりも前に収益受益権が消滅し，信託財産からの収益を享受できる時期が早くなったとすれば，収益受益権の残存期間に相当する分の利益を受けたものとみられる。そこで，元本受益者に対しては，収益受益権が消滅したことで得た利益の限度で相続税の課税がなされうる（相続税法9条の2第3項又は第4項）。そうはいっても，信託設定時から十分に期間が経過していた場合には，収益受益権の残存期間はそれほど長くなく，これに相当する分の利益はそれほど大きなものではないことから，多大な税負担は生じないと考えられる。これにより，株式を生前贈与した場合，あるいは単純に相続した場合に比べて，合計税額が軽減される余地がある。

　この受益権複層化信託を活用した事業承継においては，創業者に留保される収益受益権と後継者に付与される元本受益権をそれぞれどのように評価するかということがポイントとなる。

2　各受益権の評価

　相続税に関する財産評価基本通達では，受益権が収益受益権と元本受益権に複層化された信託であって，各受益者が異なる場合，原則として，収益受益者が将来受けるべき利益の価額を基にして収益受益権を評価し，信託財産の価額から収益受益権の評価額を控除して元本受益権を評価するものとされ

ている（財産評価基本通達202(3)）。この評価方法は，収益受益者が将来受ける
べき利益を客観的かつ合理的な方法で推計できる場合に有用である。

　そこで，株式を信託財産として受益権複層化信託を設定するに当たっては，
事業承継の対象となる会社において，一定期間にわたって安定的な配当をし
てきた実績があることが望ましい。そうでない場合，毎年安定的な配当がな
される優先株式を発行し，あるいは普通株式（の一部）をそのような株式に
転換し，これをもって信託財産とすることも選択肢となり得る。また，その
ほかの方策として，創業者に付与する受益権の内容として，株式に係る配当
収入の給付を受けるものではなく，毎年一定の金銭の給付を受ける定期金受
益権を付与するという方法も考えられる。すなわち，毎年の配当収入が安定
しないものであったとしても，定期金受益者は債権的な権利として信託財産
に対して毎年一定の金銭の給付を（累積的に）請求することができるとすれ
ば，将来受けるべき利益を客観的かつ合理的に推計することが可能になると
考えられる。

　いずれにしても，受益権の評価額が課税上否認されないようにするために
は，受益者に対する給付が将来において継続して確実になされるようにして
おく必要がある。

3　他の方策との組合せ

　留意点として，創業者に対しては，留保された受益権に基づいて信託財産
からの給付がなされることから，その給付額が蓄積する場合には，結局それ
が相続財産を構成することになる。その給付額が老後の生活資金として費消
される性質のものであれば特段の問題はないと考えられるが，他に収入があ
る等で蓄積する可能性がある場合には，総合的な相続税対策が必要となろう。
この場合，効率的な資産承継の方法について，暦年贈与の活用や生命保険の
活用など，他の方策と組み合わせた多角的な視点で検討することが必要に
なってくるものと考えられる。

租税弁護士の視点

　　受益権複層化信託は相続税対策ともなりうるものですが，それが過剰

になされる場合には，例えば受益権の評価方法が適正でないなどとして，課税上否認されるおそれもあります。したがって，事業承継などの適正な目的とは無関係に単なる節税目的のみで信託を設定することは避けるべきでしょう。また，株式を信託財産とする受益権複層化信託はそれほど定型的なものとはいえず，その課税上の取扱いは必ずしも明確にされているものではありません。したがって，将来の課税上の紛争を避けるためには，各受益権の権利内容を信託契約において明確に定めておくこと，また，その評価方法が客観的かつ合理的なものであることを裏付けるための資料を確保しておくことが重要です。

第5　国際承継

設例25 | 外国法人株式の承継

・ Case ・

　日本の居住者であるＡは，海外に多額の資産を有しており，その海外資産を管理するための会社である甲社を国外で設立し，現在に至っています。高齢になったＡとしては，甲社の株式を長男Ｂに譲り，その資産管理事業を長男Ｂに承継させたいと考えています。現在，Ｂも日本に居住していますが，海外に移住した場合には贈与税や相続税が課せられないことがあると聞きました。外国法人の株式を承継するに当たって，課税上どのような点に留意すればよいでしょうか？

POINT

　外国法人の株式は，国外財産であることから，一定の場合には贈与税（相続税）の対象外となる可能性があるが，その要件は贈与者（受遺者）と受贈者（相続人）の双方が長期にわたって国外在住である必要があるなど，相当に厳格な要件を満たす必要がある。また，ここでいう国外在住といえるかどうかも多分に事実認定の問題であり，留意が必要である。さらに，含み益のある株式を保有したまま国外に出国して非居住者となる場合，いわゆる出国税として，みなし譲渡益課税がなされるため，この点についても留意が必要である。

■ 解　説 ■

1　外国法人株式の承継と贈与税・相続税

　相続税法上，贈与税・相続税の課税対象となる財産は，日本にあるもの（これを「国内財産」という。）と日本にはないもの（これを「国外財産」という。）

に分けられる。財産の所在地は同法によって定められており，例えば，有形資産の場合はその所在地，一般的な債権の場合は債務者の所在地，そして，株式の場合はこれを発行する会社の本店所在地によって判定することとされている（相続税法10条1項）。したがって，日本で設立された内国法人の株式は国内財産に該当するのに対して，外国で設立された外国法人の株式は国外財産に該当することになる。

　この点，承継させる財産が外国法人株式，すなわち国外財産に該当するものであったとしても，それが日本の居住者間で承継される場合，国内財産を承継させる場合と同様に，贈与税・相続税の課税対象となる（相続税法2条1項，2条の2第1項）。ただし，日本法人の株式と外国法人の株式の場合で相違があるとすれば，その評価方法である。すなわち，非上場会社である日本法人の株式については，財産評価基本通達に従って，類似業種比準価額方式，純資産価額方式，又はそれらの折衷方式によって評価される。財産評価基本通達そのものは外国法人の株式であっても適用される（財産評価基本通達5-2参照）が，類似業種比準価額方式については，日本の上場会社を標本として株価が定められているものであり，これを単純に外国法人の株式の評価に用いることは困難であると解される。そこで，外国法人の株式の場合には，財産評価基本通達を用いるとしても，純資産価額方式のみによって評価せざるを得ないことが一般的であると考えられる。

2　贈与税・相続税の課税対象とならない場合

　前述のとおり，内国法人の株式については，国内財産に該当する。そして，国内財産が贈与（遺贈）された場合には，贈与者（遺贈者）と受贈者（受遺者）がともに個人である限り，その居住地を問わず，一律に受贈者（受遺者）に対して贈与税（相続税）が課税される。どれだけ長期にわたって国外に居住していたとしても，さらには外国籍であっても同様である（相続税法2条2項，2条の2第2項）。なお，贈与者が法人であって受贈者が個人の場合は贈与税ではなく一時所得等の課税関係が生じることになり，逆に，贈与者（遺贈者）が個人であって受贈者（受遺者）が法人の場合は受贈益として法人税の課税関係が生じることになる。ただし，一定の場合には，贈与税・相続税の税率

と法人税の税率の差異を利用した租税回避を防止するため，法人であっても
贈与税・相続税の納税義務者とされることがある（同法66条など）。

　これに対して，外国法人の株式については，国外財産に該当する。そして，
国外財産が贈与（遺贈）された場合には，贈与者（遺贈者）と受贈者（受遺者）
がともに個人で，たとえそれが親族間であっても，双方が長期にわたって国
外に居住していれば，国外居住要件を満たし，贈与税・相続税の課税対象と
はされない余地がある（国外財産の非課税）。この点，かつては，国外財産が
非居住者に贈与・遺贈された場合には，一律に贈与税・相続税の課税対象外
とされており，これによって容易に課税を回避できるという問題があった。
これが平成12年度税制改正によって是正され，国外財産の贈与・遺贈が贈
与税・相続税の課税対象外とされるためには，贈与者（遺贈者）と受贈者（受
遺者）の双方が一定の期間を超えて継続して日本の国外に住所を有すること
が要件となった。ここでいう一定の期間というのは，当初は5年とされてい
たが，5年というのは比較的短期間であり，親子で5年間海外（贈与税の課せ
られない国）に居住して国外で財産を贈与することで税負担なく財産を承継
した上で，その後日本に帰国して元の生活をするということも可能であった。
これが恣意的になされるとすれば租税回避の問題が生じることから，平成
25年度税制改正によって，一定の期間が5年から10年に伸長されて現在に
至っている（下表参照）。

受贈者・受遺者 贈与者・遺贈者		国内に住所あり	国内に住所なし	
			10年以内にあり	10年以内もなし
国内に住所あり		国内・国外財産とも課税	国内・国外財産とも課税	国内・国外財産とも課税
国内に住所なし	10年以内にあり	国内・国外財産とも課税	国内・国外財産とも課税	国内・国外財産とも課税
	10年以内もなし	国内・国外財産とも課税	国内・国外財産とも課税	国内財産のみ課税

　したがって，現行法の下では，国外財産である外国法人の株式を贈与・遺
贈によって承継する場合，贈与者（遺贈者）である親と受贈者（受遺者）であ

る子の双方が 10 年を超えて継続して国外に住所を有する場合に限って，日本における贈与税・相続税の課税対象外とされることになる。

3　住所の意義

　以上でみたとおり，国外財産である外国法人の株式を日本における税負担を生じさせることなく承継させるためには，当事者双方が 10 年を超えて継続して国外に住所を有する必要があるが，海外に居住していたとしても，当然，日本に一時帰国することはありうる。そこで，頻繁に一時帰国をするような場合に，国外に住所があるといえるかが問題となることがある。

　この点，贈与税の課税の有無をめぐって「住所」の意義が争われた著名な事件（最判平成 23 年 2 月 18 日判時 2111 号 3 頁）がある。同事件において最高裁は，住所とは，「生活の本拠，すなわち，その者の生活に最も関係の深い一般的生活，全生活の中心を指すものであり，一定の場所がある者の住所であるか否かは，客観的に生活の本拠たる実体を具備しているか否かにより決すべきものと解するのが相当である」と判示した。

　このように，住所とは「生活の本拠」を意味するものであるが，これは滞在日数のみによって機械的・形式的に判断されるものではなく，本人の職業，家族関係，社会活動や政治・文化活動の場所，保有する財産の所在地などを総合して実質的に判断がなされる。

　したがって，10 年超の国外住所要件を満たす上では，単に年間の過半（183 日超）の日数を海外で居住すれば足りるというものではなく，このような実質的観点からみても海外に生活の本拠があると認められる必要があることに留意が必要である。

4　国外転出時課税制度

　外国法人の株式を承継させるに当たって，日本からの出国が伴う場合，すなわち日本の居住者から非居住者になる場合には，さらに譲渡所得に関する課税の特例である国外転出時課税制度（所得税法 60 条の 2）にも留意が必要である。これは平成 27 年度税制改正で創設された制度であり，含み益のある株式などの有価証券に対する日本の課税権を確保するためのものである。す

なわち，日本の居住者が含み益のある有価証券を譲渡せずに出国して非居住
者となった後，その譲渡をして含み益が実現した場合，一定の要件を満たさ
ない限り，日本では課税ができない。そこで，同制度では，居住者が国外に
転出して非居住者となる際に，その保有する有価証券が合計1億円以上であ
る場合に，その譲渡がなされたものとみなし，含み損益が実現したものとし
て15％の税率で譲渡所得課税がなされる。これは有価証券が国内財産で
あっても国外財産であっても同様である。

　したがって，外国法人の株式に含み益があり，当該株式の評価額が1億円
以上である場合には，出国時に15％の譲渡所得税を納付する必要があるこ
とになる。なお，この場合，株式の評価額が問題となりうるが，財産評価基
本通達を準用することが認められる（所得税基本通達60の2-7・同59-6・同23〜
35共-9）。ただし，前述のとおり，日本法人の非上場株式の場合には類似業
種比準価額方式に準じて評価することが認められる余地があるが，外国法人
の非上場株式の場合には純資産価額方式に準じて評価することができるにと
どまると解される。

租税弁護士の視点

　　外国法人の株式は国外財産に該当することから，かつては贈与者と受
　贈者が国外に転出した上で，国外において株式を譲渡することで贈与税
　を免れるというスキームが活用される事例が多くみられました。このス
　キームは近年の相次ぐ税制改正によって安易に活用することはできなく
　なり，国外財産の贈与が課税されないためには，国外に10年超の長期
　居住という実態が必要とされるようになりました。10年というのは相
　当長期間であるものの，やはり形式的に定められた要件であって，創業
　者と後継者がともに国外に移住し，10年経過後に株式を贈与した上で
　帰国するということもなお考えうるでしょう。もっとも，このような租
　税回避行為の防止のための税制改正は将来においてもなされる可能性が
　あることに留意が必要です。また，海外においては，容易に（一定の金
　銭を支払うことなどによって）居住許可を取得することができる国もありま
　す。そのような国に居住許可を有する場合であっても，頻繁に日本に帰

国しているなどの事情がある場合，事実関係を総合勘案の上，なお日本に生活の本拠，すなわち住所があると認定される可能性があることにも留意が必要です。

設例 26 ｜ 非居住者への承継

• Case •

　日本の居住者であるＡは，日本国内の資産を管理するための会社である甲社を日本で設立し，また，国外の資産を管理するための会社である乙社をＸ国で設立し，それらのオーナーとして経営に従事しています。Ａには長年海外に居住する長男Ｂがおり，甲社及び乙社の株式を譲ることで，これらの事業を長男Ｂに承継させたいと考えています。この点，日本の居住者ではない者に株式を移転する場合には，日本の居住者に株式を移転する場合と比べて，課税関係が異なると聞いたのですが，どのような点に留意すればよいでしょうか。

POINT

　株式を非居住者に無償で移転する場合には，その移転時に，当該株式の含み益に対して，いわゆる出国税と同様のみなし譲渡益課税がなされうる。また，株式を移転した後，株式から生じる所得については，その帰属者が非居住者となることから，これに対する課税関係は従前と異なることになる。すなわち，居住者に対しては，その所得の源泉地にかかわらず，全ての所得が課税対象となるが，非居住者に対しては，基本的には日本の国内源泉所得に該当しない限り，課税はなされないことになる。また，国内法上で課税がなされるとしても，これが租税条約で制限される可能性もある。

■ 解　説 ■

1　非居住者への株式の移転に係る課税関係

　贈与によって個人間で財産を移転する場合，その移転を受けた個人に対して贈与税が課税されうる。この点，日本に住所を有する居住者は贈与税の無制限納税義務者として，財産の所在にかかわらず納税義務を負うとされてい

る（相続税法2条の2第1項）が，日本に住所を有しない非居住者であっても，制限納税義務者として，取得した財産が国内財産に該当する場合，さらには国外財産に該当する場合であっても，贈与者が日本の居住者であればやはり納税義務を負うことになる（同条第2項）。

　さらに，贈与税のみならず，日本の居住者が非居住者に対して株式などの有価証券を無償で移転する場合，贈与等時課税制度（所得税法60条の3）の適用により，含み損益が実現したものとして譲渡所得の課税がなされる余地がある。すなわち，居住者が非居住者に有価証券を贈与する際に当該居住者が保有する有価証券が合計1億円以上である場合，贈与した有価証券は時価で譲渡されたものとみなされ，15％の税率で課税がなされることになる。

　なお，以上に対して，株式が有償で譲渡される場合には，その対価が適正な額である限り，原則として贈与税の課税はなく，譲渡益に対して20.315％の税率で所得税の課税がなされることになる。

2　株式の移転後の課税関係

　非居住者に株式が移転された場合，移転前と移転後で所得税の課税関係が異なりうる。まず，株式に関しては，会社からの配当がなされうるが，日本法人からの配当を居住者が受領する場合，配当所得として20.42％の税率（復興所得税を含む）で源泉徴収がなされ（所得税法181条1項，182条2号），その上で総合課税所得として申告納税の対象となるのが原則である。外国法人からの配当であっても同様に総合課税所得として申告納税の対象となるが，当該外国においても配当に対する課税がなされる場合には日本において外国税額控除が認められうる。

　これに対して，日本法人からの配当を非居住者が受領する場合，20.42％の税率（復興所得税を含む）で源泉徴収の対象となることは同様である（所得税法212条1項，213条1項）が，総合課税ではなく源泉分離課税となるため，申告納税の対象とはならない（したがって，累進税率の適用がない。）。その上で，非居住者が居住する国によっては，後述するとおり，日本との租税条約によって源泉徴収税率が軽減され，又は源泉徴収が免除される余地もある。さらに，外国法人からの配当については日本の国内源泉所得ではなく，日本では課税

の対象とならない。

　そのほか，株式を譲渡した場合の譲渡所得については，日本法人の株式で
あっても外国法人の株式であっても，居住者の場合は 20.315％の税率（復興
所得税のほか，地方税 5％を含む）による申告分離課税の対象となるのが原則で
ある（租税特別措置法 37 条の 10）のに対して，非居住者の場合は，一定の要件
（25％以上保有する日本法人の株式を 5％以上譲渡することなど）を満たした場合にの
み（所得税法 161 条 1 項 3 号，所得税法施行令 281 条参照），かかる申告分離課税が
なされるにとどまり，地方税が課せられないことから，その税率も 15.315
％である。さらに，後述するとおり，租税条約によって当該課税が免除され
る余地もある。

　さらに重要な点として，外国法人の株式を居住者が保有するか非居住者が
保有するかによって，外国関係会社合算税制（租税特別措置法 40 条の 4）の適
用の有無に相違が生じうる。同税制は，居住者が直接又は間接に 50％超を
保有する外国法人（外国関係会社）について，当該外国法人の所得を居住者の
所得に合算して課税するための制度であり，外国法人を用いた租税回避を防
止するためのものである。すなわち，外国法人は日本の国内で所得を稼得す
るものでない限り，基本的には日本の納税義務者とはならないのに対して，
居住者は日本の国外で所得を稼得したとしてもその全所得に課税がなされる
ことから，居住者が直接国外で所得を稼得する代わりに，外国法人を通じて
所得を稼得すれば，これには日本の課税権が及ばないことになる。この外国
法人の利用が濫用的になされるとすれば，日本の課税を不当に免れることに
なるため，外国法人が稼得した所得を居住者の所得に合算して課税するとい
うものである。

　この点，海外の資産管理会社については，税率の低い国に設立されること
も多く，また，その稼得する所得も受動的な投資所得であることが多いとい
える。このような場合，資産管理会社が稼得した所得については，同税制の
適用によって株主である居住者の所得に合算されて課税されうる。もっとも，
同税制の適用があるのは日本の居住者であり，非居住者には適用されない。
そのことから，資産管理会社の株式を居住者から非居住者に移転した後は，
日本における同税制の適用はないことになる。

　このように，所得税の関係では，日本法人の株式を保有するのが居住者である場合と非居住者である場合で課税上の取扱いが異なり，非居住者の方が一般に有利に取り扱われることも多いといえる。

3　租税条約の適用

　二国間で締結される租税条約（所得に対する租税に関する二重課税の回避及び脱税の防止のための条約）は，一方の締約国の居住者が他方の締約国で生じた所得を稼得する場合に各締約国の課税権を制限するものであり，国境を越えた経済活動に対する各締約国の課税権を制限することで国際的な投資を促進するものである。日本でもそのような租税条約を主要国との間で締結している。これにより，日本の租税条約の相手国の居住者（日本の非居住者）が日本で生じた所得（例えば，日本法人から支払われる配当）を得た場合，日本における課税（源泉徴収課税）は減免される余地がある。例えば，国内法上は源泉徴収税率が20.42％とされているとしても，租税条約上の限度税率が仮に10％であるとすれば，日本における源泉徴収税率は10％に軽減されることになる。ただし，そのためには租税条約の適用のための届出書が必要とされる。

　この限度税率は各国との租税条約によっても異なるが，一般に，非居住者たる個人に支払われる場合よりも，外国法人に支払われる場合の方が軽減される割合が大きいといえる。そこで，居住者が非居住者に対して株式を移転するとしても，その移転先を非居住者個人ではなく非居住者が支配する外国法人とすること，あるいは非居住者個人に移転後，現物出資等によって外国法人に移転することも検討される。

　また，日本法人の株式の譲渡益については，国内法上，一定の要件（25％以上の保有，5％以上の譲渡）を満たした場合には，株主が非居住者たる個人であっても外国法人であっても申告納税の対象となりうる。これに対して，租税条約では，非居住者が得た株式譲渡益については，日本における課税権が否定されていることも多い。

　以上のことから，日本法人の株式を移転した後の課税関係についてみる上では，非居住者が居住する国と日本との間で租税条約が締結されているかどうか，また，締結されているとして，その内容がどのようなものであるかを

検討することが重要であるといえる。

> **租税弁護士の視点**
>
> 　グローバル化が進んだ現代においては，後継者が海外に居住しており，日本の非居住者であることも珍しくありません。非居住者に対しては，居住者に対する課税関係と異なり，一般に有利なものとなる傾向にあります。もっとも，当然のことながら，後継者が居住する国においても課税関係は生じえます。そこで，非居住者への承継に当たっては，日本における課税関係のみならず，後継者の居住地国における課税関係，さらには両国間の租税条約を総合的に検討することが重要となります。

設例 27 ｜ 国際 M&A

• Case •

　Aは海外企業との取引を主たる事業とする甲社の創業者であり，現在，その株式を全て保有するオーナー経営者です。Aとしては，数年後には引退したいと考えていますが，国内には適切な後継者がおらず，今般，海外の取引先（外国法人）に株式を譲渡することで事業承継を図りたいと考えています。承継先からは，株式譲渡後も一定期間は取締役として経営に従事してもらいたいとの意向を受けています。

　外国法人に株式を譲渡した場合，どのような課税関係となるでしょうか？　また，株式譲渡後，甲社は外国法人の子会社になりますが，日本における課税関係についてどのような点に留意すればよいでしょうか？

POINT

　内国法人が外国法人の子会社となる場合，その後支払われる配当は国境を越えることになるため，従前とは異なる課税関係となる。また，内国法人と外国法人に取引関係があった場合，当該内国法人が当該外国法人の子会社になるとすれば，当該外国法人は当該内国法人の「国外関連者」に当たることから，従前はいわゆる第三者間取引であったものが関連者取引に当たることになり，これに対する特別の税制である移転価格税制が適用されることになる。さらに，国外関連者からの借入れに対する資本の割合が一定の比率を下回る場合には，過少資本税制の適用により，国外関連者に対して支払う利子の損金算入が制限されることになる。このように，内国法人が外国法人の子会社となる場合，各種の国際課税制度の適用対象となることから，その課税関係について留意する必要がある。

▇ 解　説 ▇

1　株式譲渡に係る課税関係

　居住者が外国法人に内国法人の株式を譲渡する国際 M&A の場合，その譲渡益に対して 20.315％の税率で所得税の課税がなされる（租税特別措置法 37条の 10）。なお，これは譲渡の相手方が内国法人であっても，また，個人たる居住者や非居住者であっても同様である。

　相違が生じるのは株式譲渡後の課税関係である。株式譲渡後，親会社となった外国法人に対して内国法人から配当がなされうるが，当該配当に対しては，20.42％の税率で源泉徴収がなされ（所得税法 212条 1項，213条 1項），源泉分離課税として課税関係が完結する（ただし，外国法人の本国において外国税額控除の適用を受ける余地はある）。これに対して，配当が居住者に支払われる場合は源泉徴収の上で総合課税となることから，最終的に適用される税率が異なる。なお，親会社が内国法人であれば子会社から支払われる配当には益金不算入の規定が適用されることから，親会社が外国法人の場合には親会社が内国法人の場合と比べて配当に対する課税がより重いものとなりうる。

　ただし，外国法人であっても，その本国において日本との間で租税条約が締結されている場合には，当該租税条約によって配当に対する源泉徴収税率が軽減され，又は源泉徴収が免除される余地がある。この点，外国法人が日本の内国法人の株式を取得する場合，本国の法人が直接株式を取得するのではなく，別の国に設立された持株会社を通じて取得することも多いといえる。そのような場合には，持株会社の所在地国が日本との間でどのような租税条約を締結しているかを確認することが必要となる。

　さらに，将来において，親会社である外国法人が子会社である内国法人の株式を譲渡することもありうる。その場合には，日本で課税されるための要件（内国法人の株式を 25％以上保有し，かつ，その 5％以上を譲渡すること）を満たす可能性が高く，その譲渡益に対して法人税の課税がなされる。もっとも，当該課税についても，租税条約によって免除される余地がある。

2　移転価格税制

　内国法人と取引関係のあった外国法人が当該内国法人の株式を取得して親

会社になる場合，当該外国法人は当該内国法人にとって「国外関連者」に当たることになる。国外関連者とは，内国法人と一定の資本関係や実質的な支配関係のある外国会社のことをいうが，内国法人が国外関連者と行う取引については，移転価格税制という特別の税制の適用対象となる。移転価格とは，関連会社間で行われる資産の売買や役務提供といった取引（国外関連取引）に係る対価を意味する。

　この移転価格が関連者間で任意に設定されるとすれば，関連者間で所得を移転することが可能となる。例えば，子会社である内国法人が親会社である外国法人に対して通常よりも安い価格（第三者である取引先に対して販売するよりも安い価格）で商品を販売するとすれば，内国法人に帰属する利益は通常よりも低いものにとどまる。逆に，外国法人に帰属する利益は通常よりも高くなるが，それぞれ課税される国が異なることから，適用される税率も異なる。そこで，移転価格を操作することで，内国法人がより税率の低い他の国に所在する関連会社に所得を移転する誘因が働くことになる。

　このようなことから，移転価格の操作によって国の税収が減少することを防止するため，当該価格を適正価格に是正するための特別の税制として，租税特別措置法において移転価格税制が定められている（租税特別措置法66条の4）。より具体的には，同税制は，移転価格が独立した企業間で形成される適正な価格（独立企業間価格）と異なることによって内国法人の課税所得が減少している場合に，その取引が独立企業間価格で行われたものとみなして課税所得を計算するものである。独立企業間価格をどのように算定するかが重要であるが，問題となる国外関連取引と十分に類似する非関連者間の取引を「比較対象取引」といい，そのような比較対象取引に係る対価が独立企業間価格であると認められることになる。この点は納税者と課税当局との間で見解の相違が生じやすいところであり，比較対象取引に該当するかどうかの指針が通達によって定められている（租税特別措置法関係通達66の4⑶-1参照）。

3　利子の費用控除制限

　外国法人が内国法人の親会社である場合，当該内国法人の資金需要に対して，当該外国法人としては，出資金として資金を提供する方法のほか，貸付

金として資金を提供する方法を採ることも可能である。いずれも資金の提供であって経済的には同一であるが，税務上の観点からは相違が生じる。すなわち，資金を受け入れる内国法人において，親会社からの借入れについては支払利息が損金算入できる（課税所得が減少する）のに対して，出資金については配当を支払っても損金算入できない（課税所得に影響しない）という違いがある。

　この点，親会社と子会社がともに内国法人である場合には，支払利息が子会社において損金算入されたとしても，それに見合う受取利息が親会社において益金算入されることから特に問題はない。ところが，親会社（あるいは資金提供をする関連会社）が外国法人である場合，（源泉徴収は別として）受取利息に課税することができないため，国内で課税できる所得が減少することになる。そこで，外国法人としては，税率の高い日本の子会社に資本金という形式ではなく，親会社（あるいは親会社以外で外国に所在する関連会社）からの貸付金という形式で資金提供をすることにより，グループ全体としての税負担を軽減しようとする誘因が働くことになる。

　このようなことから，国外関連者から過剰に貸付金の提供がなされて内国法人の支払利息が増大し，それによって国内の課税所得が不当に減少することを防止するため，そのような支払利息の損金算入を制限するための特別の税制として，租税特別措置法において過少資本税制が定められている（租税特別措置法66条の5）。具体的には，内国法人が資本の3倍を超えて国外関連者から借入れをする場合には，その超過部分に相当する借入れに係る支払利子は損金不算入とされる。

　なお，利子の費用控除制限としては，過少資本税制のほか，租税特別措置法において過大支払利子税制も定められている（租税特別措置法66条の5の2）。過少資本税制が貸借対照表をベースとして資本に比べて負債が過大な場合に適用される税制であるのに対して，過大支払利子税制は損益計算書をベースとして所得に比べて支払利子が過大な場合に適用される税制である。同税制は，日本で課税所得に含まれない支払利子（ただし，支払利子に対応する受取利子を控除した純額）が所得金額（ただし，支払利子や減価償却費を加算するなどの一定の調整を加えたもの）の20％を超える場合に，その超過部分を損金不算入とす

るものである。

　この点，外国法人が日本の内国法人の株式を取得する場合，直接株式を取得するのではなく，株式取得のための特別目的会社（SPC）を設立して，当該 SPC を通じて株式を取得することも多いといえるが，株式取得のための資金を当該 SPC が金融機関等から借り入れるということもありうる。SPCが設立される国は海外の場合もあれば，日本の場合もあるが，日本で SPCが設立され，当該 SPC が金融機関等から借入れをする場合，その支払利子は損金算入が認められるのが原則である。そこで，外国法人としては，SPCを通じて金融機関等から借入れをした上で内国法人の株式を取得し，その後，当該 SPC と当該内国法人を合併したり連結納税の対象にしたりすることで，実質的に株式取得のための借入金に係る支払利子を当該内国法人の課税所得から控除すること（デット・プッシュ・ダウンなどと呼ばれる手法）が検討されることになる。この場合，借入れをするのが日本の国内の金融機関等ではなく，国外の金融機関等である場合には，当該金融機関等に支払われる利子は日本の課税所得に含まれないこととなるため，過大支払利子税制の適用対象となりうることに留意が必要である。

租税弁護士の視点

　　適切な後継者が国内にいない場合，あるいはより適切な後継者が海外にいる場合には，海外に株式を譲渡すること（国際M&A）も視野に入れて検討することになります。そして，外国法人に株式を譲渡する場合には，株式譲渡後には国境を越えた親子会社の関係が形成されることになります（内国法人は多国籍企業の一員となる）。多国籍企業に対しては，グループ内での所得の移転に対抗するため，各国において，移転価格税制をはじめとした特別の税制が適用されることが多く，従前よりも各種の国際課税制度（日本に限らず，関係する各国の国際課税制度）の適用関係について留意する必要があるといえるでしょう。

第 **3** 章

インタビュー

中小企業庁に聞く
事業承継の現状と課題

松井　拓郎（中小企業庁事業環境部財務課長）

荒川　勝彦（同課長補佐）

〔質問者〕佐藤　修二（弁護士／東京大学客員教授）
　　　　　木村　浩之（弁護士）
　　　　　木村　道哉（弁護士／税理士）

佐藤：日本経済の礎は，中小企業にあると言われています。その中小企業の経営者の高齢化・後継者難が言われる中で，ユニークで貴重な事業を営む中小企業の事業承継を成功させることは，喫緊の課題です。円滑な事業承継の実現には，多様なプレーヤーの協力が必要であり，政府が民間をリードしてい

ただくことも，非常に重要と思われます。そこで今回は，事業承継に関する様々な施策を打ち出されている中小企業庁事業環境部財務課の松井課長，荒川課長補佐に，事業承継の現状と課題についてお伺いする機会を頂戴いたしました。

木村（道）：松井様，荒川様，本日はお忙しいところ，貴重なお時間をいただきありがとうございます。大局的なお話を主に松井様から，実務的なお話を主に荒川様から伺いたく存じます。

事業承継の現状と支援制度について

木村（道）：まず初めに，日本における事業承継の現状と事業承継支援制度の在り方について，御庁の認識と今後の施策についてお伺い

佐藤修二氏（弁護士／東京大学客員教授）

したいと思います。

松井：現在，245万人もの中小企業の経営者が2025年までに70歳以上になる時期を迎えており，経営者の高齢化が進んでいます。うち約半数の127万人が後継者未定であり，このまま放置すれば後継者不在の中小企業は廃業を余儀なくされ，企業数も大幅に減少してしまうという危機的な状況であり，あと5年くらいが勝負であると受け止めています。事業承継には大きく親族内承継と第三者承継がありますが，親族内承継は，とにかく早めに計画を立てていただき，後継者にバトンタッチをしていただくための準備を進めることが重要です。より深刻なのは後継者不在の中小企業で，この場合は第三者承継が選択肢となります。第三者承継も10年前に比べ大分進んでいる印象ですが，まだまだ十分とはいえず，さらなる推進が必要です。

木村（道）：最近，御庁において，第三者承継を支援するための施策が策定されたとお聞きしましたが。

松井：はい。2019年12月に「第三者承継支援総合パッケージ」を策定しまして，第三者承継を進めていくための様々な施策を一つのパッケージとして取りまとめ，当庁として推進することとしております。第三者承継は中小企業のM&Aですので，弁護士や税理士の先生方にも大きく関わるものです。2015年に「事業引継ぎガイドライン」を策定しておりますが，今回，これを改訂して，中小M&A市場の活性化につなげていきたいと思います。

木村（道）：第三者承継に関しては，税制改正要望でも，株式譲渡や事業譲渡を通じた親族以外の第三者への事業承継を促進するための税制措置の創設という項目もありました。このパッケージをベースにして，税制も含めて，今後の事業承継支援制度の創設を目指していくということでしょうか。

松井：2019年の第三者承継促進に向けた税制改正要望は残念ながら実現には至らず，引き続き検討課題になっており，当庁としても早期の実現に向けて努力したいと思います。ただ，第三者承継については，親族内承継における相続税，贈与税といった税制と同じボトルネックがあるわけではありませんので，税制に限らず，他の施策も

第1章

第2章

第3章…インタビュー

松井拓郎氏（中小企業庁事業環境部財務課長）

含めて，総合的に進めていきたいと思います。

資金面での支援制度について

木村（道）：ありがとうございます。それでは，事業承継支援のための個別の制度についてもお伺いしたいと思います。事業承継税制を活用できない規模の会社や，財務状況があまりよくない会社の場合，どのように事業承継を進めるか悩まれていると聞きます。逆に，承継する側で必要な資金が準備できないという問題があることも耳にします。そのような場合でも円滑に事業承継を進めるための制度はあるのでしょうか。

松井：まず，事業承継補助金がございます。これは事業承継した中小企業が何か新しい投資をするときに，最大 1200 万円まで補助が出るというもので，親族内で経営者が交替した場合と，M&A がなされた場合それぞれで利用可能です。また，資金力に乏しい場合には，金融支援の制度もあります。これは，例えば株式を買い集めるのに資金が不足するといった際，低金利で融資を受けることができるというものです。また，融資ではなく，投資育成株式会社に出資してもらい，安定株主になってもらうという制度もございます。

木村（道）：金融支援に関連して，事業承継に当たっては，経営者保証がネックになるという話も聞きますが，この点についても何か取り組まれているのでしょうか。

松井：経営者保証は後継者にとって相当な心理的プレッシャーとなりますので，それが原因で承継がうまくいかないこともあります。そこで，事業承継に際しては，先代と後継者からの経営者保証の二重取りはやめていただくという方向で，新たに経営者保証ガイドラインに事業承継時の特則を設けました。一定の要件を満たす優良な中小企業に対しては，経営者保証がなくても承継が進められるような

施策を進めているところです。

第三者承継の支援制度について

木村（道）：事業承継について悩まれている経営者の中には，面倒なので廃業してしまおうと考える方も結構いらっしゃるように思います。従業員の雇用や地域経済への影響を考えれば，廃業するくらいであればM&Aで第三者に事業を承継してもらった方がよいとも思うのですが。

松井：はい，特に廃業を検討されている経営者の皆様方には，自分の会社は第三者に売れる可能性があるかもしれない，ということを是非ご認識いただきたいと思います。まずは弁護士や税理士といった専門家にご相談していただいた上で，廃業するのがいいのか，M&Aで売却するのがいいのかをご検討いただきたいと思います。廃業ではなく売却すれば手元に資金が残る可能性がありますので，そういった比較考量を是非行っていただきたいです。

木村（道）：私自身が関与した事案でも，第三者へのM&Aによって，無事，事業が継続でき，かつ，経営者も手元資金を得られたとい

うことがありました。ただ，おっしゃっていただきましたとおり，M&Aとなると，弁護士・税理士等の専門家が関与しないと実行できない場合もあります。そういった場合の公的な相談窓口・支援機関についてはいかがでしょうか。

松井：事業引継ぎ支援センターが各都道府県にありますが，中小企業の数は大変多く，センターだけで全て対応できるわけではありません。やはり弁護士・税理士等の専門家のほか，金融機関，仲介事業者といったメンバーが総動員で支援することが大事です。

木村（道）：事業引継ぎ支援センターが今後さらに活動領域を広げていくという可能性もあるのでしょうか。

木村道哉氏（弁護士／税理士）

第1章　第2章　第3章……▶インタビュー

松井：予算も増額しておりますので，今後，体制を拡充し，第三者承継の駆け込み寺として活用いただけるようにしていきます。また，センターだけでなく，ここを中核としながらも，現場でご活躍されている様々な専門家の皆様と連携して進めていく形になります。

木村（道）：専門家ということであれば，弁護士会や税理士会といった団体との連携もあると思うのですが，御庁としてそのような連携を進めていくことはお考えでしょうか。

松井：はい，当庁としても，現在，各士業団体との意見交換会は頻繁に実施しておりますし，今後もさらに連携を深めていきたいと考えております。

遺留分に関する民法の特例について

木村（道）：次に，遺留分に関する民法の特例についてお伺いしたいと思います。実際にこの制度を利用して事業承継がなされるケースは，現状ではそれほど多くないような印象を受けておりますが，具体的な件数等は把握されておられますか。

松井：おおむね年間で3，40件くらいでしたが，2019年度は半年で40件を超えており，倍増という状況になっております。これはやはり，事業承継そのものの件数が増えていることによると思います。

荒川：背景を少し補足いたしますと，民法の特例は比較的株価が高い非上場株式等を贈与した結果，遺留分を侵害する蓋然性が高い場合に利用されるものです。このため，事業承継税制とセットで適用する方が多いのですが，特例措置の創設により事業承継税制の適用が増加し，併せて民法特例の適用も増えてきたのではないかと考えております。

木村（浩）：利用の内訳ですが，除外合意と固定合意であれば，やはり除外合意のほうが分かりやすく，使いやすいので，件数としては多いのでしょうか。

松井：そうですね。2019年4月から同年12月までの実績で除外合意が44件あるのに対して，固定合意が1件だけです。

事業承継税制について

木村（道）：いよいよと言いますか，事業承継でも特に重要となる事業

承継税制についてお伺いさせていただきます。実務的な内容については，後ほど詳しくご説明いただきたいと思いますが，政策的な話として，事業承継税制については，長期間にわたって管理しなければならないということで，それが負担になっている，使い勝手がよくないという意見もあります。御庁としては，どのようなご認識でしょうか。

松井：長期間にわたる管理という点については，宥恕規定というものがございまして，その負担はかなり軽減されています。毎年の年次報告を1日でも失念すると即座に猶予が取り消される，といった誤解が広がっていますが，実際にはそんなことはなく，国税庁も宥恕規定に基づき柔軟に執行しています。また，事業承継税制では，親から子，子から孫と代々承継されると，親から子の部分で猶予されていた税金が免除になりますので，3世代以上にわたって承継される場合には，確実に支払う税金が減らせてメリットがあります。もちろん，将来のことですので，不確定要素の部分はありますが，一旦計画を提出して，後で事情が変

わって納税猶予を使わなかったとしても，特にペナルティーはありません。とりあえず計画は提出して税制を利用する権利は確保していただかないともったいないのではないかと思います。

中小企業庁における弁護士の活用について

佐藤：実務的な話に入る前に，私の方からも少し政策的な話をお伺いできればと思います。荒川補佐は民間からいらっしゃっていると理解しております。また，財務課には弁護士からの出向者もいらしたように思います。

荒川：はい，私は税理士の出身で，弁護士の方もいらっしゃいます。

佐藤：財務課としては，継続的に弁護士，税理士からの出向者を置くという体制を今後もしばらくは続けていくご方針なのでしょうか。

松井：やはりそういった方々のプロの知見というものは不可欠だと思いますので，もし，ご希望される方がいらっしゃれば，喜んでお願いしたいと思います。

佐藤：弁護士の出向者は，継続的に特定の事務所からという形では特にないのでしょうか。

松井：これまでは大手の弁護士事務
　　所に頼んでいたのですが，今回は
　　弁護士事務所も人手不足とのこと
　　で難しいようで，弁護士会のひま
　　わりナビという募集サイトに掲載
　　させていただきました。結果的に
　　良い方に来ていただけて，助かっ
　　ています。

佐藤：本書をお読みくださる方にも
　　弁護士の方が多くいらっしゃると
　　思います。弁護士にとっても貴重
　　な職務経験になると思いますので，
　　ぜひこうした制度が続くとよいと
　　思います。

法人版事業承継税制・特例措置の実務について

木村（浩）：それでは，ここからは，
　　主に私の方から，最近制度が拡充

木村浩之氏（弁護士）

されて注目を集めている法人版事
業承継税制・特例措置の実務につ
いてお伺いしていきたいと思いま
す。

利用実績について

木村（浩）：まず，皆さん関心が高
　　いと思われるのが利用実績です。
　　平成30年度税制改正で特例措置
　　が導入されてから，実際にどれだ
　　け利用されているかについて，お
　　伺いさせていただければと思いま
　　す。

松井：一般措置の利用件数は2008
　　年度から2018年度までの11年間
　　で2500件でしたが，特例措置の
　　利用件数は2018年4月から2019
　　年11月までの20か月間ですでに
　　1224件です。これは実際に承継
　　をして税の優遇措置の認定を受け
　　られた件数でして，新しい制度で
　　は承継前に事前に都道府県に承継
　　計画を出してもらうことになって
　　おりますので，その申請件数で集
　　計すると同じ20か月間で5245件
　　ということになります。実績とし
　　ては約1200件ですけども，潜在
　　的には5000件以上の見込みがあ
　　ることになります。件数としては
　　非常に大きく伸びているという受

け止めですので，引き続き，しっかり周知して経営者の皆様に使っていただきたいと思います。

木村（浩）：御庁としても，もっと使ってほしいという思いがあるわけですね。

松井：そうですね。実際には 2025 年までに中小企業で 245 万人が承継のタイミングを迎え，このうち半分が後継者不在ですので，潜在的な需要は 127 万社程度あります。そこからすると，現状の件数はまだまだかなと思います。

木村（浩）：ありがとうございます。なお，承継の方法には生前贈与と相続がありますが，1224 件の内訳はどのようになっておりますか。

荒川：第一種特例贈与が 612 件，第一種特例相続が 612 件となっております。なお，2019 年中の贈与に関しては，通常 2020 年 1 月以後に認定が行われますので，この集計には含まれておりません。このため，第一種特例贈与の 612 件とは，2018 年 4 月から 2019 年 11 月までの 20 か月間における贈与に関する認定の件数ということではなく，2018 年中に行われた贈与に関する認定の件数ということになります。

荒川勝彦氏
（中小企業庁事業環境部財務課長補佐）

木村（浩）：今回，一番聞きたかったところですけども，どのようなケースで特例措置が有効に利用されているのでしょうか。モデルケースみたいなものがあればぜひお聞かせください。

松井：よく言われるのは，株価が非常に高い優良企業で，株式を同族関係者がある程度まとめて持っていて，それを特定の人にまとめて渡すようなケースですね。その場合にはこの事業承継税制が有効に利用できて，承継のタイミングで税負担なく円滑に承継ができるということになりますので，非常に使えるケースだと思います。現在，中小企業庁のホームページ上では「法人版事業承継税制の活用事例」を掲載しておりますので，詳しく

第 1 章
第 2 章
第 3 章……インタビュー

はそちらを参照いただければと思います。

木村（浩）：ごく一般的な同族会社のケースでおおむね使えるという、かなり間口の広い制度になっているというわけですね。

荒川：おっしゃるとおり、同族会社はおおむね対象となり得ます。他方、事業承継税制は贈与税あるいは相続税の特例となりますので、想定される対象者は、ある程度相続税がかかる方です。このため、相続人の数や財産構成等にもよりますが、株式評価額で1億円を超える場合には、税制の効果が大きいのではないかと思います。

木村（道）：活用事例を拝見して、おおむね規模としては、年商が3億円超、多くても数十億円くらい、従業員が10人から50人程度というあたりに集約してくるのかなという印象です。当然、株価の計算と相続税、贈与税の計算のバランスで使うか使わないかという話になってくると思いますが、今、この税制がこういった規模の企業に十分に知られているのでしょうか、それともまだ十分に知られてないという印象でしょうか。

荒川：アンケートなどを拝見する限り、ある程度周知されてきていると思います。他方、事業承継税制について、ネガティブな印象を持たれている方もいらっしゃるようです。その理由をお伺いすると、誤った認識によるものが多いように感じます。よく言われるのが、認定後の報告（当初5年間は毎年都道府県と税務署に、6年目以後は3年に一度税務署に報告）を失念し、提出期限を過ぎてしまった場合、納税猶予は取り消されるので、手続上のリスクがある、といったものです。先ほど課長の松井からも言及がありましたが、その認識は正確ではありません。失念等によって提出期限を過ぎた場合においても、宥恕規定（租税特別措置法70条の7第26項）により猶予は継続します。一般的に、宥恕規定は天災などのやむを得ない事情でなければ適用されないといったイメージがありますが、国税庁における運用を確認すると、事業承継税制については適用期限が長いことから、他の制度における宥恕規定と異なり、弾力的な運用をするようにといった「事務提要」が税務署へ通知されています。また、報告期限の3か月前には税務署から納税者

に注意喚起の「お知らせ」を送付しています。このため，失念リスクは低く，仮に失念したとしても宥恕規定で対応できると考えています。

特例承認計画について

木村（浩）：ありがとうございます。もう少し，中身の話に入っていきたいと思いますが，手続の流れとしては，まず，事前に特例承認計画の確認を受ける必要がありますので，その点についてお伺いします。御庁のホームページで公表されている特例承認計画の様式を拝見しますと，案外，それほど難しいものではなく，どなたでも作成できるもののように見受けられますが，作成に当たって留意すべき点があれば教えていただけますでしょうか。

荒川：そうですね。今おっしゃられたように，特例承継計画は簡単に作成できるようになっており，記載例などもホームページ上に載せておりますので，記載例に倣って作成いただければ，基本的には確認を受けることができます。

木村（浩）：要件を満たす上で難しいところはないでしょうか。

荒川：特例承継計画の確認を受けるための要件は主に４つございます。まず１つ目が，中小企業者であること。２つ目が，先代経営者が代表者である，又は代表者であったこと。３つ目が，具体的な承継計画を有していること。４つ目が，その計画について認定支援機関の指導・助言を受けていること。以上で都道府県知事の確認を受けることができます。したがって，要件が厳しいということはありませんし，要件が厳しくて特例承継計画の確認を受けられなかったというケースはないものと思います。

木村（浩）：手続に必要な書類も減ったと聞きましたが。

荒川：令和元年度の税制改正で，特例承継計画の添付書類から常時使用する従業員の証明書が除かれました。要望が多かった事項でもあり，手続の簡便化が図られたと思います。

木村（浩）：特例承認計画ですが，いつまでに提出しなければならないという期限はあるのでしょうか。

荒川：特例承継計画は2023年3月31日までに提出をしなければ，確認を受けることができません。このため，提出の期限には注意が

必要です。中小企業の経営者から
は，先のことなんて分からないか
ら計画なんて作れないよ，といっ
たお話を伺うことがありますが，
特例措置の適用には特例承継計画
の確認を受けていることが必要で
す。特例承継計画の確認を受けた
からといって，必ず事業承継をし
なければいけないというわけでも
ありませんし，計画の変更はいつ
でも可能です。このため，今後
10年以内に事業承継を考えてい
らっしゃる経営者の方々は，とり
あえず2023年3月31日までに特
例承継計画を提出しておくことが
重要だと思います。

経営承継円滑化法の認定要件について

木村（浩）：特例措置の適用を受け
るための手続の流れとしては，特
例承認計画の確認を受け，実際に
承継がなされた後，円滑化法の認
定を受けることになります。この
認定を受けるに当たって留意すべ
き点について教えていただければ
と思います。

荒川：円滑化法12条の認定を受け
るための要件は3つに分類できま
す。①1つ目が，「会社」に関す

る要件。2つ目が，「先代経営者」
に関する要件。3つ目が，「後継
者」に関する要件です。まず，申
請をする会社は，中小企業者であ
ることが必要です。中小企業者と
は円滑化法2条で定義され，業種
ごとに定められた「資本金の基
準」又は「従業員の基準」で判定
されます。例えば，卸売業の場合，
資本金1億円以下又は従業員100
人以下であれば中小企業者となり
ます。これらはどちらか一方を満
たせばよいため，資本金が1億円
超でも従業員が100人以下であれ
ば中小企業者に該当することとな
ります。また，申請をする会社は，
上場をしていないこと，風営法2
条5項に定める性風俗関連特殊営
業を行っていないこと，資産保有
型会社・資産運用型会社に該当し
ないことといった要件もあります。
なお，資産保有型会社とは，現金
や有価証券，賃貸用不動産といっ
た「特定資産」が，総資産の70
％以上を占める会社をいい，資産
運用型会社とは，特定資産の運用
収入が総収入の75％以上を占め
る会社をいいます。

木村（浩）：資産保有型会社・資産
運用型会社が除外されているのは

なぜでしょうか。また，実際にどのように判定するのでしょうか。

荒川：これらの会社は一般的に事業実態の乏しい資産管理会社であり，雇用の確保や地域経済の活力維持といった制度趣旨及び租税回避行為の防止といった観点から適用が除外されています。判定は，貸借対照表や損益計算書の数値で行いますが，形式的に財務諸表の数値のみで判断することが適当でない場合もあることから，円滑化法施行規則6条2項に定める事業実体要件を満たすときは，資産管理会社に該当しないものとみなされます。例えば，一般的に不動産賃貸を主とする会社は資産管理会社に該当しますが，事業実体要件を満たすことで認定を受けることは可能です。事業実体要件は満たすべき基準が3つあり，❶1つ目は，常時使用する従業員が5人以上いることを要件としています。

木村（浩）：従業員は親族でもいいのでしょうか。

荒川：後継者と生計を一にする親族は除かれていますが，生計を一にしなければ，親族であっても構いません。なお，常時使用する従業員は，原則として社会保険の被保険者でカウントします。❷2つ目は，3年以上商品販売等を行っていることを要件としています。つまり，3年以上事業を行っていることが必要となります。

木村（浩）：賃貸その他役務提供の事業でもよいのでしょうか。

荒川：はい，賃貸や役務提供でも構いません。ただし，後継者や同族関係者に対する貸付けは該当しません。❸3つ目は，事業を行う事業所等があることを要件としています。この場合における事務所等は賃貸物件でも構いません。今申し上げた3つの要件を満たすことによって，外形的には資産管理会社に該当したとしても，認定を受けることが可能になります。

木村（浩）：なるほど，3つの事業実体要件は明確でよいですね。それでは，認定を受けるための②2つ目の要件について留意点があればお願いします。

荒川：はい。先代経営者の要件に関しては，同族過半数，同族内筆頭という議決権の判定に注意が必要です。特に同族内筆頭要件は，先代経営者が直接保有している株式のみで判定を行います。例えば，先代経営者が100％保有する持株

会社があり，その持株会社が申請会社の株式の60％を保有し，先代経営者が残りの40％を保有している場合，実質的には先代経営者が申請会社を100％支配していますが，同族内筆頭要件を判定する上では，先代経営者が直接保有する議決権（40％）だけで判定を行うため，持株会社が筆頭となり要件を充足することができません。

木村（浩）：間接保有は除かれるということですね。

荒川：はい。これはなぜかというと，事業承継税制における事業承継とは，先代経営者の有する株式を後継者に移転することで経営権が移転する行為，と整理をしているためです。先程のケースでは，先代経営者が直接保有する40％の株式を後継者に移転しても，持株会社が60％を保有する以上，その承継だけでは申請会社の支配権は移転せず，事業承継とは認められないということになります。このため，先代経営者が直接保有する議決権のみで判定を行います。

木村（浩）：よく分かりました。③3つ目の要件についてもお願いします。

荒川：後継者の要件についても，同族過半数，同族内筆頭の要件がありますが，基本的には先代経営者と同様です。他方，先代経営者と異なり，特例措置では後継者が3人まで認められていますので，後継者が複数の場合における同族内筆頭要件は，先代経営者にはない論点があります。具体的には，後継者が複数の場合，各後継者は10％以上の議決権を有し，かつ，他の後継者を除いて同族内筆頭であることが求められます。また，後継者の要件については，贈与の場合と相続の場合では要件が異なるものがあります。例えば，後継者には役員要件があり，贈与の場合には，贈与の日まで引き続き3年以上役員である必要がありますが，相続の場合には，相続の直前において役員であればよいということになっています。

木村（浩）：そうすると，後継者が相続開始前にはまだ役員になっていなかった場合には一切認められないということでしょうか。

荒川：実は，適用除外規定がありまして，先代経営者が60歳未満で亡くなった場合には，相続直前において役員でなかったとしても認定を受けることができます。また，

代表者要件も贈与の場合と相続の場合では異なっています。贈与の場合には，後継者は贈与の時点で代表権を有している必要がありますが，相続の場合には，相続から5か月以内に代表権を有していれば認められます。

木村（浩）：贈与の場合は，贈与の時点ですでに代表者になっている必要があるということですね。

荒川：そうですね。相続と異なり贈与は計画的に行うことができることから，贈与時に代表権がなければ，認定を受けることはできません。

木村（浩）：相続の場合，5か月間の猶予があるとのことですが，現実問題として，共同相続人間で争いがあるような場合には，適用が受けられない可能性があるわけですね。

荒川：はい。後継者が相続開始後5か月以内に代表に就任できない場合や，相続税の申告期限までに非上場株式等が未分割である場合には適用を受けることができません。

木村（浩）：そのほか，贈与の場合と相続の場合で要件が異なるものはございますか。

荒川：贈与の場合には，一定数以上の株式を後継者へ贈与しなければいけないという，いわゆる贈与株数要件がありますが，相続の場合には同様の要件はありません。なお，贈与株数要件により最低限贈与すべき株数は，後継者の数によって変わります。例えば，先代経営者が100％保有している会社の株式を1人の後継者へ贈与する場合には，3分の2以上贈与する必要があります。もっとも，実務上は，後継者の数，贈与者の属性（先代経営者か否か），贈与の順序といった類型に応じて各要件を充足するのか検討が必要です。

木村（浩）：なるほど。複雑なケースは個別に照会するとして，シンプルなケースでは，先代経営者と後継者がともに同族過半数，同族内筆頭という要件を満たした上で，後継者は最低でも3分の2は取得して会社の支配権を獲得する必要があるということですね。

荒川：そうですね。判断が難しい場合には，事前に都道府県の窓口へご相談いただくことをお勧めします。

事前照会について

木村（浩）：あとお聞きしたいのが，

特例承認計画の確認を受けて贈与したにもかかわらず，円滑化法の認定を受けられないケースです。手続としては，贈与によって先に承継をして，その後，認定の申請をすることになると思いますが，その時点で認定を受けられないとすれば，予期しない税負担が生じることになります。

荒川：特例承継計画の確認要件と円滑化法12条の認定要件は異なりますので，確認を受けた者が認定を受けられないといったことはあり得ます。

木村（浩）：実際に利用する側からすれば，先に認定を受けられて，安心して贈与をすることができればよいのですが，そういったことはできないのでしょうか。

荒川：内容にもよりますが，事前に照会があった場合には，適宜対応をしております。また，国税庁の通達では，申告期限内であれば贈与契約の合意解除等は容認されており，贈与後に認定を受けられなかったとしても，申告期限までに撤回をすれば課税関係は生じません。このため，ご心配のような問題は基本的に生じないものと思われます。

報告書について

木村（浩）：時間も限られておりますが，最後に，報告書のお話をお聞かせいただければと思います。認定を受けた後に報告書の提出が漏れて取消しになるというのが一番のリスクであると考えています。

荒川：先ほど申し上げたとおり，事前に税務署からお知らせが届きますし，万が一失念した場合にも宥恕規定があるなど，非常に弾力的な運用が行われています。また，報告書の提出漏れが原因で取消しがされたという実例は聞いたことがありません。もちろん，法令で定められた期限を守ることは重要ですが，過剰に心配をする必要はないのではと感じております。

木村（浩）：なるほど，その点は安心してもよいということですね。報告に関連して問題になるとすればどのようなケースでしょうか。

荒川：そうですね，報告によって取消しとなるケースは，資産保有型会社・資産運用型会社を原因とする場合が多く，また，その該当性についても相談が多い事項となります。令和元年度税制改正により，一定のやむを得ない事情により資

産保有型会社等に該当した場合に
は，一定期間資産保有型会社等に
該当しないものとみなす規定が設
けられましたが，資産保有型会社
等による取消しリスクを軽減する
観点からは，先程お話をした事業
実体要件を充足することは重要と
考えています。

木村（浩）：よく分かりました。本
日はお忙しいところ，松井様には
主に大局的な観点から，また，荒
川様には主に実務的な観点から，
大変有意義なお話をお聞かせいた
だきました。この場をお借りして，
厚くお礼申し上げます。

（2020 年 1 月 9 日（木），中小企業庁にて）

事 項 索 引

監修者・著者略歴

監修者 ─────────

佐藤　修二（さとう　しゅうじ）

1997年　東京大学法学部卒業
2000年　弁護士登録
2005年　ハーバード・ロースクール卒業（LL.M., Tax Concentration）
2005年〜06年　Davis Polk & Wardwell LLP（ニューヨーク）勤務
2011年〜14年　東京国税不服審判所　国税審判官
現　在　岩田合同法律事務所　パートナー弁護士
　　　　東京大学法科大学院　客員教授

〈主要著書〉
『税理士のための会社法ハンドブック〔2019年版〕』（編著・第一法規・2019年）
『債権法改正Q&A 金融実務の変化に完全対応』（共編著・銀行研修社・2018年）
『時効・期間制限の理論と実務』（共編著・日本加除出版・2018年）
『実務に活かす！税務リーガルマインド』（編著・日本加除出版・2016年）

著　者 ─────────

木村　浩之（きむら　ひろゆき）

2005年　東京大学法学部卒業
2005年〜09年　国税庁（国家公務員一種）勤務
2010年　弁護士登録
2016年　ライデン大学国際租税センター（国際租税法上級修士）
2016年　ビューレン法律事務所（デン・ハーグ）客員弁護士
2017年　KPMGシンガポール　国際租税部
現　在　弁護士法人 淀屋橋・山上合同　パートナー弁護士
　　　　一橋大学法学研究科　非常勤講師

〈主要著書・論文〉
『基礎から学ぶ相続法』（清文社・近刊）
『租税条約入門─条文の読み方から適用まで』（中央経済社・2017年）
『税務紛争への対応─調査，処分，異議，審査，訴訟，査察，国際課税』（共著・中央経済社・2013年）
"An Analysis of the Rules on the Taxation of Investment Income under Japan's Tax Treaties", Bulletin for International Taxation Volume 71, No 3/4 (2017)

木村　道哉（きむら　みちや）

1996年　私立灘高校卒業
2001年　早稲田大学法学部卒業
2003年　ちば松戸法律事務所（パラリーガル）
2011年　中央大学法科大学院卒業
2014年　税理士法人山田＆パートナーズ（弁護士）
現　在　棚瀬法律事務所 パートナー弁護士・税理士
　　　　一般財団法人　日本的M&A推進財団　実務特化会員

〈主要著書・論文〉
『9つの頻出事例で論点を把握する　相続コンサルタントの問題解決マニュアル』
（共著・中央経済社・2018年）
『国際相続の税務・手続Q&A〔第2版〕』（共著・中央経済社・2015年）
「国際的事業再編における移転価格課税の問題について〜所得相応性基準を中心として〜」（中央大学法科大学院　研究特論）

事例解説
租税弁護士が教える事業承継の法務と税務
──相続・生前贈与・M&A・信託・社団・財団・国際

2020年4月17日　初版発行

監　修　　佐　藤　修　二
著　者　　木　村　浩　之
　　　　　木　村　道　哉
発 行 者　　和　田　　　裕

発行所　日 本 加 除 出 版 株 式 会 社

本　　　社　郵便番号 171 - 8516
　　　　　　東京都豊島区南長崎 3 丁目 16 番 6 号
　　　　　　T E L （03）3953 - 5757（代表）
　　　　　　　　　（03）3952 - 5759（編集）
　　　　　　F A X （03）3953 - 5772
　　　　　　U R L　www.kajo.co.jp

営 業 部　郵便番号 171 - 8516
　　　　　　東京都豊島区南長崎 3 丁目 16 番 6 号
　　　　　　T E L （03）3953 - 5642
　　　　　　F A X （03）3953 - 2061

組版・印刷　㈱亨有堂印刷所　／　製本　牧製本印刷㈱

落丁本・乱丁本は本社でお取替えいたします。
★定価はカバー等に表示してあります。
© 2020
Printed in Japan
ISBN978-4-8178-4639-6

時効・期間制限の理論と実務

岩田合同法律事務所 編　田子真也 編集代表
佐藤修二・村上雅哉・大櫛健一・飯田浩司 編著
2018年7月刊 A5判 484頁 本体4,500円＋税 978-4-8178-4492-7

商品番号：40725
略　　号：時効理

- ●民事事件から金融・税務、国際取引まで、様々な「期間」管理を網羅。時効・期間制限についての体系的実務書。
- ●分野別に整理された詳細な122のQ&Aを収録。
- ●改正民法〈債権法〉完全対応。

実務に活かす！
税務リーガルマインド

納税者勝訴事例から学ぶ税務対応へのヒントを中心に
効果的な税務調査の対応・国税不服審判所の活用まで

佐藤修二 編著
2016年11月刊 A5判 208頁 本体2,000円＋税 978-4-8178-4360-9

商品番号：40659
略　　号：税リ

- ●税務専門家に向けて、リーガルマインドとは何かを分かりやすく解説。納税者勝訴事例をもとに、リーガルマインドがどのように展開され、勝訴につながったのかを解説するとともに、納税者側におけるリーガルな議論の構築の仕方・ケーススタディを紹介。国税不服審判所とその活用法も解説。

実例にみる
信託の法務・税務と契約書式

NPO法人 遺言・相続リーガルネットワーク 編
2011年6月刊 A5判 400頁 本体3,700円＋税 978-4-8178-3916-9

商品番号：40425
略　　号：実例信託

- ●信託法とその税制における基礎的な知識を体系的にコンパクトに概説。
- ●実例をもとにした事例ごとに、スキーム図、信託採用の理由・メリット、法律面・税務面からの解説、契約書式のひな形を掲げ、わかりやすく解説。

日本加除出版
〒171-8516　東京都豊島区南長崎3丁目16番6号
TEL（03）3953-5642　FAX（03）3953-2061（営業部）
www.kajo.co.jp